WHY?

働き方・生き方
を変えたい人へ
10の提案

「なぜ」から始まる
「働く」の
未来

エリス・コンサルティング代表
立花 聡

ウェッジ

「なぜ」から始まる「働く」の未来

働き方・生き方を変えたい人へ10の提案

もくじ

第2章　米中関係に本質的変化が起きた

第3章　アフターコロナと中台の行方

第4章　日本の「しくじり」を総括する

第5章　人事サイドから見た危機対応

第6章　危機を目の前に手も足も出ない理由

第7章 悩めるトヨタ自動車

第8章 働き方ではない、自分を変えるのだ

序章

「生き方改革」に至る道

地球全体の災厄

２０２０年2月10日、名古屋。私は豊田中央研究所の大ホールの檀上に立っていた。トヨタグループの幹部・社員５００人を前にして「終身雇用制度崩壊のシナリオとソフトランディングの方向性」と題した講演を行うためだった。

講演の予定が1週間遅かったら、コロナの襲来でキャンセルされていただろう。少なくともリアルな対面講演はできなかっただろう。といっても、５００人も集まるような講演会はこれから果たして可能だろうか。

１００年に一度の災厄、新型コロナウイルスが日本そして世界を襲い、我々が住むこの地球を想像すらできなかった姿に変えた。特定の宗教を持たない私にこれだけ神の存在を意識させてくれる出来事はほかになかった。

コロナはもしや神の使者だったのではないか。この世界は行き詰まっている。神はその方向性を大きく、抜本的に変えるためにコロナという使者を地上に送り込んだのではないかと最近そう思えてならない。

2月10日のトヨタ講演を終え、その翌日に私は羽田から上海に向かう予定だった。上海で現地の日系企業向けのセミナーをこなして、居住地であるマレーシアのクアラルンプールへ帰還する日程を組んでいた。しかし、中国では1月23日の武漢ロックダウンを皮切りに各地相次いでロックダウンが始まり、コロナがいよいよ中国全土制覇の勢いを見せ始めた。中国はとにかく危ないので、上海出張をキャンセルし、出張先を台北へ変更した。

2月11日、台北に到着。米中貿易戦争が激化するなか、台湾の存在感が格段に大きくなった。将来中華人民共和国に取って代わるまで行かなくとも、アジア地域では何らか特別な役割を引き受けるだろうと、自分の読みに確信を持ち始めた私は、台湾事業の事前調査に着手しようと考えた。たまたま上海出張がキャンセルされたので、その時間を台湾に充てようと台北1泊の予定で桃園国際空港に降り立った。事前調査のための事前ヒアリングというつもりで、台北市内で関係者と打ち合わせを兼ねて夕食を一緒に取った。

しかし、結果的に約束は果たせなかった。コロナは中国だけの問題にとどまらず、まさかその後各国が国境閉鎖に踏み切り、地球全体が災厄に巻き込まれるとは夢にも思っていなかった。

昨日に帰りたい

2月12日朝、私は台北桃園国際空港発の中華航空機に乗り込み、昼すぎにクアラルンプールに到着した。それがコロナ遮断に先立っての、ラストフライトだった。1カ月後の3月18日、ベトナム出張を予定していたが、同日にマレーシア政府が国境閉鎖と本格的なロックダウンに踏み切った。ベトナム出張もその後の海外出張もすべてキャンセルせざるを得なかった。パスポートに押された2月12日付けのマレーシア入国スタンプを最後に、時間が止まったのである。

予定されていた講演会やセミナー、顧客企業との会議・打ち合わせアポイントメントはことごとくキャンセル。仕事の流失は経済的損失を意味する。とはいっても、災厄は一時的な不可抗力で時間が経てば必ず終息するだろうと自分に言い聞かせながら、夏以降の予定を入れ続けた。ところが、希望的観測は次々と裏切られた。コロナは一向に終息の気配を見せずに拡大の一途をたどった。

「昨日に戻りたい」という一念を自分はもっていた。コロナ以降、「ニューノーマル（新常態）」という言葉が流行語になった。しかし、ニューノーマルを好む人はどのくらいいるのだろうか。そもそも「ニューノーマル」の「ニュー」が付いているだけに、いかに「ノーマル」でないこと、つまり常識としての「平時」や「常態」でないことを意味しているか。

今日は昨日よりよくなり、そして明日は今日よりよくなる。戦後の日本人が持ち続けてきた常識は21世紀に入ってついに打ち破られた。経済や社会の変遷といった事象を理解しつつ、多くの日本人は心情的な反発を抑えながらも少しずつ現実を受け入れ始めた。一種のフェードアウト的な段階的変化であれば、多少の心理的緩和作用も機能するだろうが、コロナという出来事はまさに突然に「昨日」を否定し、そして奪う災難である。

本書では、日本人にとっての2つの「喪失」を取り上げる。1つは戦後日本社会の基盤であり続けた終身雇用制度の喪失。もう1つはコロナ禍による2019年までという「昨日」の喪失である。

前者の終身雇用制度の喪失は、遡ってバブル崩壊後の1990年代から徐々にフェードイン的に姿を現し、多くの日本人にも薄々と感づかれたものであり、どちらかという予期性を伴う喪失といっていいだろう。一方、コロナは違う。まさに数カ月の間に突然に現れ、明らかになった予期せぬ喪失である。我々日本人はこのように予期された自然喪失と予期せぬ非自然喪失という性質の異なる2つの喪失を同時に実体験してしまっている、こういう過酷な受難の時代である。

しかも、この2つの喪失が時期的に重なっただけでなく、相互に作用し影響しているのだ。**コロナ禍は産業構造に本質的な影響を与え、それが産業の縮小、消滅、統合、あるいは再定義の触媒となり、雇用をドラスティックに奪い、社内失業やリストラを促し、最終的に終身雇用制度の崩壊を加速化させる、**このような様相を呈している。

コロナは風邪だが、ただの風邪ではない

そうしたなか、我々の喪失体験も複合的になった。終身雇用制度の崩壊についてその喪失をある程度覚悟し、いよいよ現実を受け入れようという段階にまでようやく至ったところ、コロナという非予期的な喪失が加わったのである。「早く昨日に戻りたい」という気持ちをより強くし、現実に拒絶反応を示す日本人が多く現れた。防疫よりもまず経済を回そうと懸命になっている人たち、「コロナはただの風邪だ」とまで言い出した人たち、その心情はいずれもよく理解できる。

私自身も一時期その1人だった。コロナ禍は数カ月で終わるだろう。早い時期に昨日に戻れるだろうと自分に言い聞かせた。しかし、事実は残酷だった。コロナは風邪であって

も、ただの風邪ではないことが証明されたのである。

そこで諦めがつき、どうすれば早くこの現実から脱出できるかよりも、どうすれば早くこの現実を受け入れられるかを考えるようになった。つまり、喪失体験の衝撃期と悲痛・逃避期の通過をいかに加速化させるかということだ。できるだけ早く承認・回復期そして再生期に入っていきたい。喪失という現実を受け入れ、かつそのフェードアウトをスピードアップさせる。言い換えれば、**「ニューノーマル（新常態）」の受け入れと承認、「ニュー」からの脱却、ごく普通の常態にする**ことだ。

このプロセスは理屈で分かっていても、心情的に現実を受け入れることはそう簡単ではない。納得が必要だからだ。２つの喪失の原理やメカニズムを徹底的に理解することがまず求められる。一度整理してみようと思った。これがこの本を書こうという原初的な動機でもあった。

本編に入る前に、この序章にもう少し述べておかなければならないことがある。話は2月10日に名古屋で行われたトヨタグループ向けの講演に戻る。

「終身雇用制度」について講演の依頼を受けたとき、私は正直少し迷った。どのような内容をどのような切り口で話すかでいろいろ考えた末、「終身雇用制度崩壊のシナリオとソフトランディングの方向性」という題を提案した。

私が提示した題と講演内容の粗筋は、原案そのまま主催者に承認された。そこで私が妄想を始めた。もしやトヨタまでいよいよ終身雇用制度の崩壊準備に取り掛かろうとしたのではないかと。それが事実ならば一大事だ。少なくとも日本の終身雇用制度の終了はもう確定されたようなものだ。あとは制度の消滅にどのくらいの時間がかかるかの問題だけだ。周りに自分の年齢で指折って逃げ切れるかどうか計算する友人や知人もいて、深刻な様子がうかがえる。

豊田章男・トヨタ自動車社長の一喝

トヨタは、大きく変わろうとしている――という大前提は間違いなかろう。この時代に「当社は変わる必要がない。変わりたくない。変われない」と断言できる経営者は、まずいない。

トヨタは早くも2010年代の前半から「クルマは個人が所有するものから利用するものに変わる」と自動車を再定義し、外部のモビリティーサービス事業者・提供者との接続を容易にするシステム上のモビリティーサービス・プラットフォーム「MSPF」の構築に着手した。これは画期的な発想といえる。自動車製造業がいずれサービス業に業態転換することを予想し、比較的に早い段階から変化を意識し、取り組み始めたのである。しかし、すべてが順調にいくはずがない。どんな素晴らしい変革でも、固定観念や既得権益がかかわるところ必ずヒトの抵抗に遭遇する。

２０１９年春の労使交渉では、豊田章男社長は「今回ほどものすごく距離感を感じたことはない。こんなにかみ合っていないのか。組合、会社ともに生きるか死ぬかの状況が分かっていないのではないか？」と一喝し、会社が置かれている状況と危機感が社内で共有されていないことを指摘した。経営側はついに、冬分の回答を見送った。２０１９年3月期で2兆円以上の営業利益をたたき出すなか、一時金が通年回答になった１９６９年以降の半世紀で初めてという異例の事態になった。

賃金や一時金を成果に基づいて評価する必要性があったのだ。トヨタの成果主義評価制度は十分に機能していたかという課題が提起され、「変われない社員」が本格的に問題視され始めた。

同年5月13日、豊田社長がついに衝撃的な発言をした。「雇用を続ける企業などへのインセンティブがもう少し出てこないと、なかなか終身雇用を守っていくのは難しい局面に入ってきた」。衝撃的な発言だが、ただこれは、日本自動車工業会の会長として発言したもので、業界、あるいは経済界の全体的課題、つまりあくまでも一般論として提起したのではないかとの見方もあった。

そうした経緯もあるなか、同年秋、私がトヨタグループの講演依頼を受け、しかも私が提案した「終身雇用制度崩壊」という講演要旨が承認された際、ついにトヨタも終身雇用制度の崩壊準備に取り掛かったのではないかという認識をもった。要するに5月にあった豊田社長の「終身雇用制度終了」発言は一般論でありながらも、トヨタという会社も例外なく包含されたものだった。

そして、2月10日に行われた私のトヨタ講演の直後に、コロナが日本を襲った。

2020年5月12日、トヨタの決算発表があった。コロナの影響で、2020年3月期は営業ベースでは減収減益、さらに2021年3月期の大幅な減収減益を予想した。「新しいトヨタに生まれ変われるスタートポイントに立った決算」。豊田章男社長が語ったこの一言にあらゆる意味が詰まっている。終身雇用制度の終焉を迎えつつも、さらにそのうえコロナショックという出来事が加わった。そこでトヨタが近年標榜してきた「モビリティーカンパニー」というビジネスモデルの変革までさらなる変更を強いられるようになった。コロナがいつ終息するかも分からないなか、その後の社会は不確定要素に満ちている。「昨日」に戻れないかもしれない。世界各地でロックダウンが相次ぐなか、「移動」が制限され、「モビリティー」という概念それ自体の再定義も求められようとしているのである。

現代のサービス業では、付加価値を創り出し、積み増すことが一般的に「善」とされているが、その常識は覆される可能性が出てきた。より中核的基幹的な機能に価値が絞られ、付加価値を出す余地が狭まれば狭まるほど産業自体が萎縮する。

「移動」の必要性が薄れる。防疫上でも移動の必要性を最小限にしなければならない。そこで推奨されるのはウェブ会議やテレワーク。ＩＣＴ（情報通信技術）はますます洗練された形になる一方、物理的な移動は減らされる。価値観も変わるだろう。クルーズ（これもコロナの苦い経験があってなかなか復活できないかもしれない）や行楽型のドライブを除いて、移動というものはそもそもビジネスレベルでいえば、コストの部類に属する。通勤や出張といった移動を減らせば、時間コストや空間コスト（賃貸オフィスなど）をはじめとする諸コストの削減につながる。そうした価値観の変化を折り込んだ「モビリティー」の新しい未来像をトヨタは描き直さなければならない。

グローバリゼーションの流れが変わる

豊田章男社長が語る「新しいトヨタに生まれ変われるスタートポイント」に含まれる意

味はまさに多重であり、未知なものも多く含まれている。

経済や産業次元だけではない。政治的要素も折り込む必要がある。貿易戦争を発端とする米中の関係が悪化の一途をたどり、ついにデカップリングの段階にまで至った。米国は中国共産党政権の本質を見抜き、サプライチェーンの中国からの移転に取り組んだ。

トランプが米大統領になって反グローバル化に走ったのも、中国一極集中のリスクの深刻性に気付いたからだ。中国によって作られたサプライチェーンを断ち切って、産業を米国内に回帰させ、国家の「再工業化」に米国が乗り出した。労働集約型産業は中国からベトナムや東南アジアあるいはメキシコにシフトし、全体的な「脱中国化」を既定戦略方針とした。

そんな米中貿易戦争の真っ只中に、新型コロナウイルスという怪獣がやってきた。次々と陥落し、鎖国に追い込まれた諸国の惨状を目の当たりにしてあることに気付く。世界が狭くなったことは危機の伝播をたやすくし、「善」とされてきた「融合」や「一体化」が裏目に出たのである。国境の大切さ、棲み分けの大切さを改めて思い知らされたときでもある。

安倍晋三首相（当時）は2020年3月5日に開かれた未来投資会議で、新型コロナウイルスの世界的な広がりを受け、「中国などから日本への製品供給減少によるサプライチェーンへの影響が懸念されるなか、一国への依存度が高く付加価値の高い製品は、日本への生産回帰を進める。そうでない製品も一国に依存せず、東南アジア諸国連合（ASEAN）などへの生産拠点の多元化を進める」と述べた。政府は同年4月7日、新型コロナの緊急経済対策の一環として、総額2435億円を2020年度補正予算案に盛り込んだ。そのうち国内回帰促進には約2200億円を計上し、残り235億円を第三国への生産拠点移転支援に充てるとした。

時代の趨勢が明確である。日本企業を含む外資の中国撤退、サプライチェーンの国内回帰（オンショア化）や再構築は避けられない。中国系のサプライチェーンを使って中国国内市場をターゲットとする一部を除いて、多くの日本企業は日本国内回帰や東南アジアへのシフトに動き出している。

国際政治の大変動によって米中の二大陣営が形成されれば、地球を単位とする従来のグローバル化も大きく変動する。地球単位の一元化が消滅し、限定された地域に属し同一イデオロギー・価値観を共有する国々による経済圏が構築され、ビジネスモデルも仕事の進め方も大きく変わるだろう。

「働き方改革」はなぜ進まなかったのか？

ここまでいうと、日本の「働き方改革」を想起せずにいられない。働き方改革、日本の労働市場での一連の改革。この議論が提起されて、ずいぶん年月が経った。重要な政治アジェンダとしての意義を否定する人は少ないものの、なかなか議論が進まない現状に直面している。

結論からいうと、**「働き方改革」は「労働市場改革」であって、さらに言えば、「労働市場の流動化」にほかならない。**広い既得権益層に多大な影響が及び、政権の基盤を揺るがすリスクをもはらんでいるだけに、デリケートな問題である。政府は切迫感に駆られて取り組もうとしながらも、公に言えないジレンマを抱えている以上、結果的に枝葉末節を取り上げざるを得ない。

働き方改革というアジェンダは、何らかの原因で議論が忌避されている。そう感じているのは私だけだろうか。これまでの経緯を見ると分かりやすい。一橋大学経済研究所の神林龍教授は自身の論考（２０１７年11月17日）で状況をこう述べている――。

「（働き方改革は）２０１７年9月末招集の臨時国会での大きな論点になり、紆余曲折が待っていると目されていた話題でもあった。ところが、いざ選挙に突入してしまうと、ほとんど口の端にも上らず、世論は働き方改革の行方を忘れてしまったようにも見える」

政治家が忌避している。メディアを含めて全体的な世論も忌避している。なぜ忌避するかというと、働き方改革は多くの国民にあまり受けのいい話ではないからだ。「長時間労働の是正」「非正規と正社員の格差の是正」「就業率の増加」という3点だけがほぼ総論賛成で世論は一致している。しかし、この3点ははたして根源的な問題なのだろうか。

たとえそうだとしても、機能する解決案は皆無に近い。たとえば、「非正規と正社員の格差の是正」、この1つを取ってみても分かるように、解決法はいたって簡単。非正規社員の給料・待遇を引き上げればいいだけの話。それがなぜできないのか。原資の捻出に目処が立たないからだ。そもそも原資が潤沢にあれば、最初から非正規ではなく、正社員として採用しているだろう。原資不足、あるいは経営の先行きが不透明だから、非正規を雇うわけだ。格差を無くす方法は、正社員の給料・待遇を削るしかない。しかしそれは既得権益にかかわる問題なので、そう簡単に合意は得られないだろう。

このように蓋を開けてみると、どれもセンシティブな議論ばかり。ゆえに、働き方改革は政治家頼みではいつまでたっても動かない。これは逃げられない課題であり、議論を先送りしていけば、いずれ時限爆弾の爆発を待つのみである。

努力しなければ進歩はない

2018年12月29日のマレーシア英字メディア「ザ・スター・オンライン」がマハティール首相（当時）の取材記事を掲載した。氏はマレー人を優遇するブミプトラ政策に言及し、こう語った。

「マレー人を助けようと政府は施策などで行動を起こしている。しかし、マレー人自身が自己変革をもって価値体系を変えようとしないかぎり、すべてが無駄になる。政府はこれまで多くの政策を打ち出し、多くの援助を与え、マレー人に多くの機会とサポートを提供してきた。しかし残念ながら、マレー人は旧態依然たる現状に甘んじて変わろうとしなかった」

マハティール氏はさらに語気を強める。「我々は働かなければ、収入を得ることができない。我々は努力しなければ、進歩することもできない。マレー人は怠けものだ。私がこう言ったら怒られるだろうが、しかしこれは紛れもない事実だ。我々が働きたくなければ、ほかにいくらでも働きたい人がいる。最終的に外国人労働者がこの国を占領するだろう」

学者・研究者でもあるマハティール氏は最後にこう指摘する。

「私はヒトの行動を研究してきた。**成功または失敗、その原因を最終的に人間の文化や価値体系に見出すことができる。**たとえば、チャイニーズは他者の助けをなくしても自らの力で成功できる」

華人（チャイニーズ）の経済的優位性を牽制し、土地の子であるマレー人の地位向上を図るために、マレーシア政府は1971年からブミプトラ政策と称されるマレー人優先・優遇政策を取り入れた。しかし、今日に至るまでの経緯を見るかぎり、マレー人の状況が著しく改善されたわけでもなく、政策目標は実現できなかったと言える。

それにしても、マハティール氏はよくもこんなことを直言できたものだ。日本の政治家がこのような発言をすればただちに「差別」とたたかれ、辞任に追い込まれるに違いない。本当のことを言えないから、日本の政治家は嘘をつくのである。

経営コンサルタントの大前研一氏がこう指摘する。「正しさがすべての経営の世界と違って、政治の世界では、本当のことをいったら絶対選挙で当選しない、当選するには嘘をつかないといけないということ。今の日本では、政治家になるのは嘘つきになるということなんだよ」（2011年4月29日号「週刊ポスト」）

これでは議論にならないわけだ。殊に「働き方」とくれば、一人ひとりの国民の利益に直結するセンシティブな議題だけに、炎上したり爆弾に変わったりすることもあるからだ。

とにかくこの議題には触れたくない。そういう状況だろう。

トランプのような、ずけずけとものを言う政治家は外れ値的な存在だ。センシティブ・イシューであろうと、忌憚なくものを言い、異様な、いささか帝王的な存在をあえて誇示してきたのである。マハティールはトランプほどの巨財をもっていないにしても、ずけずけとものを言うところだけはトランプに酷似している。

一方で日本の場合、トランプやマハティールのようなリーダーは生まれないだろう。そうした独裁的帝王型のリーダーを包容する風土は日本にないからだ。至る所に「場」を支配する「空気」が存在している。同調圧力がかかる日本社会において、政治家たちは自身の「働き方」を決めることすらできなくなっている。自らの働き方改革すらできないでいるのに、どうやって国民の働き方改革に取り組むのか。できるはずがない。「仕組み」というものを変えないといけない。

「生き方改革」とは、何を変えることなのか

日本における「働き方改革」は、機能次元の議論にとどまっている。本質的な上位課題である「構造改革」は、スキップされてきた。固定観念や従来の生き方に思い切ってメス

を入れなければ、働き方改革をやり遂げることはできない。社会の構成員の大多数がその生き方を変えたところで、社会という「場」を支配する「空気」も変わる。そこで「働き方」も自ずと変わる。

改革とは、何かを変えることである。20世紀を代表するプロテスタント神学者、牧師、政治学者、ラインホルド・ニーバーの言葉を拝借したい。名付けてニーバーの祈り。

神よ、
変えることのできないものについては、
それを受け入れるだけの冷静さを与えたまえ。
変えることのできるものについては、
それを変えるだけの勇気をわれらに与えたまえ。
そして、
変えることのできないものと、変えることのできるものとを、
識別する英知を与えたまえ。

組織や社会を変えることは、そう簡単ではない。私はなかなかそんな大きなことはできなかった。経営コンサルタントになってからでも、1つの会社、1つの組織を変えることがいかに難しいか身をもって体験し、大変苦労してきた。だから、1人の人間はせいぜい自分を変えることくらいしかできない、と考えるようになった。

実は、私がサラリーマン時代に組織や会社を変えようと試みたことがある。何度もトライを繰り返したが、いずれも失敗した。いや、惨敗した。すると、親切な上司が私にこう言った。「立花君、君は組織を変えようとしているんでしょう。それはね、なかなか難しいもんだ。できんかもしれんよ。けど、君は自分を変えることができる。それならもう少し簡単だと思うよ。どうだい、試してみないか」と。

その後十何年も経ったある日、私がニーバーの祈りに接したその瞬間にピリピリと感電したかのように元上司のこの言葉を思い出した。元上司はニーバーの祈りを知って私に伝えたかどうか分からないが、いずれにしても私は幸運だった。哲理に導かれたのだった。私は上司の言葉をよく吟味した末、自分を変えることに決め、会社を辞め、独立した。自分を変えるといっても、すなわち脱サラというわけではない。組織のなかに残って自分を変えることと組織を飛び出すことという2通りの変え方がある。私は後者を選んだのだが、前者も悪くない選択肢だと思う。組織のなかにしばらく残りつつも、脱出準備に取り掛かって機が熟すのを待つということだ。

それよりも、ニーバーの祈りが言っているように、我々人間はまず、「変えられないもの」と「変えられるもの」とを分別する力を持つことが大切だ。変えられないものを批判し続け、自分を変えようとせず、貴重な時間を浪費するほど馬鹿馬鹿しいことはない。仕事が終わったら、仲間と連れ立って居酒屋に入って一杯やりながら、会社や社会の理不尽に怒りをぶつけ、愚痴を言い不満を垂れ流すのもいい。仲間内で傷の舐め合いをするのもいい。メンタルケア上はけ口が必要だからである。ただ、それに中毒してはいけない。「はけ口依存症」になってはいけない。たまに酔っ払って帰宅しても一晩寝て翌朝起きたら、すべてを水に流そう。笑顔を整えて元気に出社し、しっかり仕事を仕上げながらも、週末くらいはしっかり組織脱出の準備に取り掛かろう。そういうワークライフバランスもあっていい。

繰り返そう。「変えられないもの」と「変えられるもの」とを分別する力を持つことが大切だ。その分別力は「智」という。そして、「変えられないもの」を諦め、「変えられるもの」を変えようと全力を尽くすという行動力は「勇」になる。「智勇兼備」とは、こういうことだ。

この本の10の章は、働き方、生き方を変えようとする全ての人に贈る、10の提案である。ただ、この1冊の本に絶大な即効性があって、魔法のように社会が変わるとは思えない。

だが、この本を読んで自分を変えようとする日本人が1人でも増えてくれれば、それ以上嬉しいことはない。それが「生き方改革」なのだ。「生き方改革」とは会社や社会に依存しないことだ。**自分が自分を変えようと思ったら、いつでもすぐにでも始められる。**もちろん、家族と相談したり、同志や仲間を増やしたりすることは大いに結構だ。「生き方改革」に賛同し、実践する人が増えれば増えるほど会社も社会ももっと早く変わるだろう。

そう、思いませんか。

第1章

マレーシア・コロナ日記

クアラルンプール猿軍団

14世紀に蔓延したペストは、ヨーロッパ世界を変えた。人口の激減という「量」の変化、そして、社会構造という「質」の変化、という2つの大きな変化があった。量の変化は、リアルタイムで知り得るが、質の変化は、後世になって初めてその全貌が浮き彫りになる。

新型コロナの来襲、そして世界の大変換。我々は今、この歴史的瞬間に立ち会っている。14世紀のペストの大流行と、教会（聖職者）と封建領主という二大権力の失墜が、ルネサンスを生んだ。教会の支配による中世暗黒の時代と決別し、人間解放により人々は自由を得た。歴史的瞬間といっても、その時代を生きる人々にとっては、それが数年や十数年、あるいは数十年かけて、あるもののフェードアウトと別のもののフェードインが同時進行し、その変化が成就するものである。

コロナが世界を襲っている。日々うなぎのぼりする感染者数や死者数という「量」の変化に目を奪われ、明日は我が身の上に降りかかってくるかもしれないというウイルス感染や失業、生活苦のリスクに怯え、1日も早く「昨日」が戻るよう念仏して祈っていると、確実に進行している「質」の変化を見落としかねない。何がフェードアウトしようとしているのか、そして代わりに何がフェードインしているのか、この「質」の変化を的確に捉えるほど大切なことはない。まず世界に目を向けてみよう。

猿軍団がやってきた。

自宅で飼っている4匹の犬が猛烈な勢いで吠え続け、「敵の侵入」を警告する。庭に座っていた私が見上げると、数匹の猿が頭上を枝から枝へ飛び渡っているではないか。体のサイズをみれば、親子であることが分かる。

私はクアラルンプールの郊外に住んでいる。山を背後にし自然が豊かすぎるぐらいに、リスや蛙、野鳥から、蛇や大型トカゲまで様々な動物が生息し出没しているが、猿軍団がやってきたのは、初めてだ。コロナのロックダウンで人類の動きが減れば、その分動物の生息範囲が広がる。

2020年4月後半から、団地のフェイスブックグループ投稿では、猿の侵入問題に関する投稿が徐々に増え始めた。団地はゴルフ場と一体化している。ロックダウン期間中にゴルフも犬の散歩も完全禁止になったため、山から降りてきた猿たちはゴルフ場の芝生で日光浴を楽しむようになったのである。

人間には拠り所が必要だ

しばらく経つと、ついにゴルフコースに隣接する雑木林で、全長3メートルもある大きな蛇が捕獲されたという一報が入る。フェイスブックには写真も載っているので、嘘ではない。ロックダウンによって、自然が確実に戻りつつある。その戻り方は必ずしも穏やかではないけれど。

我々人類は自然を賛美しながら、自然に抗っている。人工建造物をどんどん作り、自然との境界線を引こうとした。都市化と称して経済活動に効率のいいように集団居住の範囲をどんどん広げ、野生の動物たちを追い出し、彼らの土地を収奪してきた。ついに彼らにはリベンジのときがやってきたのである。「ロックダウン」とは、都市封鎖を意味する。つまりは集団居住の人類の自己監禁である。しかし野生動物たちにとってみれば、「逆ロックダウン」であり、檻のなかに自らを収容した人類を見学してやろうと、「人類展示館」にやってきたのである。

という意味で考えると、コロナの地球来訪は、人類の生き方を矯正しようという神の意志によるものだったのかもしれしない。度を越した経済発展のスピードを落とし、地球の原初的状態に向けて少しばかり戻そうとしているのではないかとすら思えてならない。あえていうなら、進化が常に善ではない。退化を必要とするときもある。ただ退化は人類が能動的に行うのが難しく、神が自ら動き出したのだと。

マレーシアのロックダウンといえば、２０２０年コロナ拡散初期のものと２０２１年第2波以降のものとは、大きく異なっていた。初期は無差別的な外出規制（条件付きの食料や薬品の買い出しを除く）と商業活動規制（エッセンシャルセクターを除く）だったが、後者となると、規制範囲がずいぶん緩やかになった。条件付きだが、個人の屋外スポーツや市内出勤（企業ごと従業員の人数制限あり）が許された。ただ海外出張の多い私にとってみれば、ロックダウンは完全在宅勤務を意味する。相手国とマレーシアの2回入国において義務付けられる都合28日間の隔離では、話にならないからだ。

ロックダウン期間中に、出張や仕事が減った分少し時間が余った。その余った時間を私は使って何度も、「神」に感謝と懺悔を捧げた――。今まで健康で幸せに暮らしができたことに感謝し、そして「神」の意志に逆らった行いに罪を認め神に懺悔する。祈願となるような要求は一切しない。神からいかなる罰を下されても甘受する。

私は無宗教だが、無信仰ではない。自分には自分の「神」が存在している。そしてその神と対話もする。神が世に罰を下したとすれば、それは人類が貪欲を貪り、悪をなしたからだ。もちろん自分もその1人として何らかの罪を背負っている。原罪といってもよかろう。

コロナ、疫病は敵ではなく、神から送り込まれたメッセンジャーなのだと私は思っている。ウイルスに打ち勝とうとも思いたくない。自然に対する畏怖の念を抱き、自省と改心に専念したい。もう少し俗っぽい言い方をすれば、つまり「生き方」を再考することである。

日本は多神教の国であると言われている。欧米やイスラム圏と比較して相対的な定義である。一神教とは、ユダヤ教からはじまり、キリスト教、そしてイスラム教へと受け継がれ、唯一絶対の創造神に対する信仰が基盤になっている。

一方、多神教といえば、唯一絶対の神は存在せず、多くの神々が信仰の対象になっているという説明がなされているが、これ以上踏み入った解釈はなかなか難しい。それはそれでいいと思う。この本は宗教研究が目的ではないので、深く掘り下げることはしない。

多神教の解釈は多様であっていいと思う。人それぞれ自身が「神」と思うものに信仰を寄せればいい。その「神」とは必ずしも擬人的な偶像でなく、ある種の信念や信条、主義、いってみれば原理原則のようなものであればよい。少なくとも私はそうしている。

神や宗教よりも、「信仰」がはるかに大切だ。**何かを信じる、何かの拠り所が人間には**

必要だということである。その拠り所とは、原理原則である。宗教には一般的に成文化されたバイブル（聖書）が存在しているが、特定の宗教をもたない人には自分自身のバイブルがなくてはならない。

成功事例の裏に隠された「行動の源泉」を知る

誰の人生にも何度かの大きな衝撃が訪れる。病気や事故、事業の失敗といった個人ベースの出来事もそうだが、コロナ災厄の到来や終身雇用制度の消滅となると、世界や日本社会を揺るがす大衝撃だ。我々はどのような原理原則を拠り所としているか、まず何よりも重要なことである。

コロナとの付き合い方は国によってそれぞれ異なる。これからはいくつかの国の事例を取り上げてみたい。外国の事例となれば、感染者数の少ない国に学ぼうとか、逆に感染者数の多い国はスキップするとか、そういう学び方になりがちだが、とんでもない。成功事例にいくら学んでも、なかなか成功できない事例は多くある。

なぜなら、成功事例は特定の時間や場所、条件において、特定の当事者がそれぞれの原理原則に立脚し、それぞれの思考回路や行動様式を踏まえ、ときには幸運にも恵まれての成就であり、そのほとんどが複製不可能であるからだ。

我々はその成功事例の背後に隠されたこういう諸要素（静態的部分）を洗い出し、その組み合わせのメカニズム（動態的部分）を把握したところで、はじめて何か本質的なものを見出せる。失敗事例もまた然り。

これから紹介される外国の事例をどのように見つめるかは、多種多様なメソッドがある。この本は、「生き方」がテーマであるから、これに沿ったアプローチを取りたい。あえて「成功事例」や「失敗事例」といった主観的な規定を外し、広義的にコロナとの接し方、コロナにより変わったことや変わらないこと、特にコロナ発生後の半年から1年までの間の出来事にフォーカスし、そのメカニズムを捉えるよう試みたい。

メイン宗教がイスラム教であるマレーシアを中心に、キリスト教であるアメリカ、そして仏教の台湾といった国にも触れながら取り上げたい。これらの国々の政治家や国民の姿はどのようなものか。

事物に対する認知や直観、そして判断や行動は、内面的なインフラとなる「信仰」に強く依存している。この深層を読み解き、本質に近づきたい。何かを信じて何かをやる。行動の動機付け、そしてその動機付けを生み出す源泉をたどり、本質をえぐり出すことである。

なぜマレーシア人がロックダウンを支持するのか

手錠を掛けられ、警察に連行される際の写真と実名付きで現地で報道された日本人容疑者（マレーシア在住の、81歳の年金生活者）は、2020年4月3日、ノル・イッツァティ・ザカリア判事の前で通訳によって訴状を読み上げられた。クアンタンの公園へ野鳥の写真を撮影するために外出した同人は、新型コロナウイルス感染防止の行動制限令（MCO）に違反したとして、裁判所から1000リンギット（当時のレートで約2万5000円）の罰金、または3カ月の禁固刑を科せられた（4月3日、マレーシア「ザ・スター」紙）。

勝手に外出すれば、警察に逮捕され、罰金や刑務所行き（または併科）である。そのほかにも複数の日本人が街でジョギングしたことで逮捕されていた。街だけでなく、行動制限令期間中はコンドミニアム敷地内の散歩やジョギングも禁止されている。生活必需品の買い出しは一家に1人だけ外出が許されるが、自動車は運転手1人以外に同乗は許可されない。各地では警察が厳しく検問や取り締まりを行っている。

日本では考えられないマレーシアのロックダウン（都市封鎖）は本物だ。現地在住の私も不本意ながら自宅隔離の生活を「満喫」していた。いや、不本意とはいえない。むしろ個人的にはこのような厳格なロックダウンに賛成だった。

情況が明らかに改善した。マレーシアのR_0（基本再生産数）は２０２０年3月18日付で発効した行動制限令発令前の３・５５から、わずか1カ月弱で０・９０（4月10日）に落ちた。R_0が1より小さい場合、感染症は終息していくといわれているが、マレーシア保健省は同日、感染を最大限に断ち切るために最低でも6週間のロックダウンが必要とし、ムヒディン首相に2度目の延長を提言し、首相が再延長を決断した。

現地での民意調査によれば、８割以上の国民がロックダウンの実施や延長に賛成した。日本で騒がれていた「私権制限」を持ち出して抗議する声はほとんど聞かれない。ビジネスに熱心な華人でも商売よりはまず命第一、命を落としたら一巻の終わり、生き残りさえすれば、いくらでも後からビジネスができると考えていた。

要するに、疫病退治とビジネス・経済の優先順位をはっきりさせている。このことについては基本的に政治家や国民のコンセンサスが取れているようにみえる。より早くビジネスを再開し、経済の復興に取り組むためにも、まずは思い切った措置でコロナの拡散を食い止めなければならないということだ。

ラマダンとロックダウン

２０２０年5月1日、ロックダウン45日目。ついに、午前中に政府発表があった。５月４日から、マレーシア国内の無差別ロックダウンは解かれ、一部の業種を除くビジネスの再開が許された。レストランも「社会的距離」や来店客の氏名登録を条件に営業再開が可能になった。ＭＣＯから条件付行動制限令（ＣＭＣＯ）に移行された。

嬉しい一報を受けたその日、まだ勝手な外出ができないので、昼食はデリバリサービスにした。レストランからバクテー（肉骨茶）が、グラブ（Grab）配達で届けられた。いつもの通り、マスク姿のデリバリ担当者、玄関ゲート越しのこの配達。眺めていると、知らずに目頭が熱くなった。一瞬、ロックダウンが終わってほしくないと思った自分がそこにあった。不自由のなかで生きながらも、いろんな形でいろんな人との絆が強くなったように思えてならない。

ちょうどその時期はムスリム（イスラム教徒）のラマダン（断食期間）中。断食とは日の出から日没までの間、飲食を断つことだ。食事だけでなく水一滴も飲めないのが相当苦しい。飢えに耐えることは全ムスリムの義務であって、お腹が空いて喉が渇く、飢えの苦しみには、身分や階級、富、職業、所得に関係なく全ムスリムが耐えなければならない。

対立する人間集団同士に共通の敵が現れたとき、その対立を超えて人間は団結してその敵に抗う。敵とは実存敵でも仮想敵でもよい。連帯を作るにはこのような仮想敵を立てる必要がある。ラマダンの断食を通じて、ムスリムには「飢え」という共通の仮想敵を立て、貧富の格差や階級の分断などといったムスリム内部の対立を最小化し、団結意識を向上させる。このような潜在的機能があると私は見ている。

ロックダウンはどちらかというと、ラマダンに近いようにも思える。マレーシア、この土地に住むいろんな宗教をもついろんな人が逞しく生き、ともに国難を乗り越えようと懸命だった。不満を垂れることもあろうが、マレーシア人の連帯感だけは毀損することはなかった。そして、私のような外国人までも今回の災厄、殊にロックダウンで今まで実感できなかったこの連帯感を共有できた。何と幸運なことであろう。災厄はすべて悪いことではない。ありがとう、マレーシア。

コロナ拡散情況の好転を受け、1カ月後の6月10日からマレーシア政府は、CMCOの終結を宣告し、さらなる規制緩和が盛り込まれた回復期行動制限令（RMCO）へと切り替えた。それが8月31日に実施期限を迎えるが、コロナの世界的拡散が一向に終息の気配を見せず、マレーシア国内では経済界を含めて社会の強い要請も相まって、政府はRMC

０を12月31日まで延長した。そのうえ、人混みや公共交通機関内でのマスクの着用を８月１日から義務付けると発表した。マスクの着用義務に違反した場合は最大で１０００リンギットの罰金である。その後、最高額を１万リンギットまで引き上げた（当時のレートで約26万円）。

マスク不着用の罰則は、厳しく運用された。駅ホームで電車を待っている間にわずか１分ほどマスクを外した若い人が容赦なく摘発にあった。貧乏学生であるがゆえに１０００リンギットもの大金がなく、警察に泣きついたところ、「言い訳があったら、裁判官の前で言いなさい」と罰金の減額には現場で応じず、裁判官へ嘆願するよう助言したという話も聞く。ここまで厳しく取り締まってもまだ違反者があちこちに出ているので、手を緩めることはできないと当局が強気だった。というよりも、違反者が出ることを前提に厳しい罰則が作られたのである。大方の国民も厳罰に賛同している。

この辺はどうもマレーシアは欧米的な性悪説が通用しているようにもみえるのだが、どうであろうか。

コロナがやってきたのも、ある意味で神の意志である。私がコロナを「神のメッセンジャー」と表現したところにも通じている。総じてマレーシア人はコロナにそれほど感情的な反発を見せていない。概ね冷静的だった。ただ奪われた過去の生活を取り戻そうとしていないわけではない。それが1日も早く疫病を抑え込むことだ。防疫が先か経済を回すのが先かという二択で迷うことなく、マレーシア人は早い段階で経済を回すためにもまずは防疫という一択に落ち着いた。厳しいロックダウンや冷酷な罰則に賛同したのもその表れである。

生活水準を落とそう

政府系シンクタンクのマレーシア経済研究所（ＭＩＥＲ）に所属するシニア研究員のサンカランナンビア氏が取材に応じてこう語った（２０２０年4月23日「マレーシアン・インサイト」紙）。

「単に感染者数のチャートをフラットにする。それだけが目的であってはならない。我々は経済活動の再開を最重要事項として考えるべきではない。感染者や死亡者の多い経済体は脆弱なもので、諸コストを増やし、生産に対する需要を毀損するだけである。経済を国民の健康よりも優先に考慮するシンガポールやスウェーデンはすでに窮境に陥っている」

防疫と経済の相互関係をはっきりさせているのは、マレーシアだ。

しかし、人間は弱いものだ。コロナ前という「昨日」への回帰願望もその1つだ。変化を望まない。数カ月という（これも希望的観測だが）コロナ期間をしのぎ、早いうちに慣れ親しんだ「昨日」に戻りたい。そう期待していたのは、何も日本人だけではない。マレーシア人も同じだ。そこでその人間の「弱さ」が主流をなし、社会に蔓延し、普遍化することを阻止するために、釘を刺すのは指導者の役割である。

マレーシアのマハティール前首相は、２０２０年4月6日のメディア取材で国民にこう呼びかけた（一部抜粋訳）。

「このたびの危機は未曾有だ。多くの国はロックダウンし、経済がほとんど止まっている。従来の危機とまったく異なる危機だ。１９９８年の金融危機のときはビジネスが継続したが、今はすべてが止まらざるを得なくなった。

一部の産業や業種には、新たなニーズが生まれた。たとえば、宅配や貨物輸送は需要が高まり、大変忙しい業種になった。失業者は自分固有の世界やコンフォートゾーン（快適な空間）を離れ、職業を変え、新たな人生を歩むことを検討する必要がある。失業者は単一職業、オフィスワークにこだわることなく、多様なサバイバルの道を模索するべきだろう。疫病は社会の構造やモデルを変える一方、新たな仕事も作り出している。だから、国民も自身を変え、サバイバルをしなければならない。

疫病の大流行がビジネスだけでなく、我々の生活にも甚大な影響を及ぼしている。従来もらえた給料がもらえなくなり、ほとんどの人の収入が減少し、以前のような快適な生活もできなくなる。我々はこの現実を受け入れなければならない。だから、過剰な期待を捨てよう。倹約しよう。娯楽などはもう諦めよう。繰り返すが、生活水準を落とそう」「娯楽を諦め、倹約し、生活水準を落とそう」などと日本の指導者や政治家、識者が口にしたら、世論にたたかれるだろう。現実に目を覆いたくなるのも、人間が弱い存在だからである。昨日の延長線上であれば、明日は今日より悪くなる時代だ。多くの人が貧しくなる。生活水準を落とし、分相応な暮らしをするか、それとも新たな道を自ら切り開くか、苦渋の選択を迫られる。これが現実である。

ムヒディン首相の「夜の街不要論」

MCOからCMCOに移行した際、強制的に抑圧されてきた反動が一気に爆発し、いわゆるリベンジ的な社会活動により「自粛」状態が破綻しなかったのはなぜだろう。マレーシア現地の某サイトで、面白いアンケート調査を発見した。

「ロックダウン一部解除後、レストランは開放される。そこで3つの選択肢がある。①パックして持ち帰って食べる。②自炊を続ける。③レストランで飲食する」

２０２０年5月1日の時点で８００以上の回答があった。何と、その99％に近い回答は①と②だった。あれだけ外食好きだったマレーシア人が、なぜここまで豹変したのか。おそらく2カ月近くのロックダウンという「体験型学習」の結果だったのではないかと思う。大多数の国民はロックダウンの本質を経済的利害関係の角度から理解したように見えた。コロナの遮断がなければ、本格的な経済の回復が不可能だということを大方の国民が理解しているし、そのうえ、私権制限面では、法の強制力も強く機能している。

そもそも日本的な「お上への依存」が望めないマレーシアでは、国民は基本的に自助と自己救済しかないと最初から割り切っている。ゆえに少なくとも初期ロックダウン後の「自粛」は一応自律性によって担保されたのである。

ロックダウンは「他律」（とりわけ違反者に対する強力な罰金制度）であって、自粛は「自律」に基づく。「他律あっての自律」という法則を信じていた私にとって、納得のいく結果だった。そういう意味で、ロックダウンや自粛といった施策の意思決定には、疫学や公衆衛生学だけでなく、社会心理学も大きく絡んでいることが分かる。

経済学分野ではどうだろう。社会的隔離と経済の対立はいうまでもない。純粋な経済面の考慮からすれば、ロックダウンも自粛も排除されるべきだ。ただ罰則なき緩やかな規制ないしザルのような自粛勧告で仮に最悪の結果となり、最終的にロックダウンに踏み切らざるを得なくなった場合、経済的損失は最大化し、経済学における合理性が失われる。そもそも「防疫が先か、それとも経済を回すのが先か」という命題それ自体に問題はないのだろうか。防疫と経済を回すことが果たしてアンチテーゼであろうか。原点レベルの検討が必要になる。

このような異なる学問を交差させてみると、異なる景色が見えてくる。様々な問いや複数の選択肢が浮かび上がる。マレーシアでは派手な議論が見られずに**「経済を回すには、まず防疫」**という結論にたどり着いた。その背後にどのような思考回路や文脈があったのか。宗教や信仰を含めた社会的背景も折り込んで考察する必要があるだろう。

2020年末まで継続するRMCOの期間中、一部の業種は依然として営業規制を受けている。その後2021年1月から第二次（準）ロックダウンの実施によって営業規制に若干の緩和があったものの、標準手順（SOP）が厳しくなり、厳格管理の基調に変更はなかった。「夜の街」はその代表格だ。マレーシアのいわゆる「夜の街」とは、必ずしも「接待を伴う飲食店」という限定的な定義でなく、広義的にエンターテインメント業を指している。

2020年9月1日、ムヒディン首相（当時）の口から驚きの発言が飛び出している。「新型コロナウイルスが発生してから、ロックダウンを経て現在まだ開放できていない業種は、夜の街とバーくらいだ。こういった場所は永久に開放しなくても問題とならないだろう。国家にとっては必ずしも悪いことではない。こういった場所は社会的距離が保てないからだ」

ムヒディン首相の発言を、現世の飲酒を禁止するイスラム教義で説明するのは、多民族国家のルールに反するので無理がある。

功利主義を想起してみよう。ベンサムの功利主義は、「効用」を最大化するあらゆるものを「正しい行い」とし、さらに正しい行為や政策とは「最大多数個人の最大幸福」をもたらすものであると論じた。国家や最大多数の利益を重視する「最大幸福原理」の下で、少数にあたる「夜の街」を潰してもいいという文脈であろうか。

案の定、反論が出た。その反論をいくつか拾ってみたが、そのほとんどが、エンターテインメント業が潰れたら、失業者が出て国の負担になったり税収が失われたりすることで、最終的に国家の利益にならないのではないかというものだった。見事に計量的な「最大幸福原理」をめぐって議論が展開されたのである。思考回路や議論の基盤を構成するＯＳ（オペレーティングシステム）が共通している。

「エッセンシャル」にあって「不要不急」にないもの

「エッセンシャル（essential）」――マレーシア生活者にとって、コロナ期間中にもっとも頻繁に触れる用語の1つである。ロックダウン期間中や一部解除時に、機能維持や再開にあたって優先度のもっとも高い産業群・ビジネス部類のことである。つまり、緊急度・必要度の高い、国民生活に不可欠な産業やビジネスを指している。日本語でいえば、「不要不急」の反対で「必要緊急」となろう。とりわけコロナ対処の中核をなす医療産業やそのほか日常的なライフライン事業が挙げられる。

「不要不急」という言葉は微妙である。どんな業種であれ、ビジネスとして成り立っている以上、「不要」とはいえない。「不急」か「非不急」も利用客によって解釈や捉え方はいろいろある。コロナ期間の規制について、日本の場合は、「不要不急の外出の自粛要請」というネガティブリスト方式が使われている。「ネガティブリスト」とは、原則として規制がないなかで、例外として禁止するものを列挙した方式、つまり「やってはいけないこと」を規定する。

これに対して、マレーシアの場合は、「必要な日常食料品・薬品（エッセンシャル）の買い出しにかぎり、一家に1人の代表者のみ許可する」といったポジティブリスト方式で規定されている。「ポジティブリスト」とは、原則として禁止されているなかで、例外として許されるものを列挙した方式、いってみれば、「やっていいこと」を規定する。

法令の実効性を考えれば、後者の「原則禁止、特例許可」のほうがはるかに明快で運用しやすいといえる。しかも、マレーシアはその「エッセンシャル」となる「特例」をかなり具体化しており、分かりやすい。そうした文脈からみれば、「夜の街」を「エッセンシャル産業」と分類するには相当無理があるだろう。

現代社会、ことに先進国では、第三次産業の比重が増えれば増えるほど、エッセンシャル産業・ビジネスが減少する。私が携わっている経営コンサルティング業務も、全般的にいえば「非エッセンシャル産業」に属するから、コロナで大きな損害を受けることはやむを得ないし、宿命ともいえる。それは善悪とか正誤とかの問題ではない。時代の変化に適応できるかどうかという当事者の自覚や対応の品質が問われている。それだけの話だ。

実録・ロックダウン日記

2020年4月3日、ロックダウン自宅隔離17日目。焼肉が食べたい。

行きつけのクアラルプール市内のK店に電話すると、生肉の配達も応じてくれるという。早速グラブを呼んで届けてもらう。

夕方からエアロバイク、プールの掃除と水泳をして、庭でバーベキュー。何と、大好きなユッケも配達してくれたではないか。普段は店に行かないと食べられないものだが、自宅でも楽しめるとは不謹慎ながら、コロナの「おかげ」と言えなくもない。K店のメニューのなか、これも大好きな一品、「特上厚切り牛タン」。自宅で焼くと、塩加減の調節が効くから嬉しい。旨い、旨い。酒も禁酒令が出るかもしれないという噂があって大量に仕入れたので、豪快に飲める。楽しい隔離生活の一夜であった。

ロックダウン。「隔離」といえば、自由を失い、ストレスがたまるというイメージだが、長期戦に備えてそうした生活のなかから、いろいろな楽しいことを探し出したり、作り出したりする必要がある。1つの楽しみは、宅配サービスである。

4月18日、隔離1カ月経過。週末、キャメロンハイランドの農家がトラックで新鮮な野菜を届けてくれた。産地直送である。何だ、このトウモロコシ。甘〜い、柔らかい。今まで食べたことのない美味しさ。眩暈を感じるほどだ。いつもスーパーで買ってきた品とはまったくの別物だ。いや、正直このコロナがなければ、こんな美味しさを体験することもなかっただろう。

マレーシアはロックダウンが実施されていても、全般的に物流に支障が生じていない。食料品などの生活必需品の配達がむしろ平時よりも盛んになった。肉や魚や野菜はスーパーよりも卸業者直送ないし産地直送が増えたため、徐々にスーパーへも行かなくなりつつある。

この状態が定着すれば、コロナ終息後、卸売・小売・流通業には大きな変貌が見られそうだ。中間業者がどんどん淘汰され、生産者と消費者のダイレクト・アクセスがより緊密になり、取引コストが削減される。ある意味で、スーパーという業態も今までの存在形態でいられなくなるかもしれない。

我が家を例にしても、ロックダウンが始まって1カ月で、ほぼスーパーに足を運ぶことがなくなった（注：生活必需品の買い出しなら、家族代表者1人にかぎって外出が許されている）。あちこち直送の宅配を注文し、配達された新鮮な品をいただく喜びが増えた。マレーシアならではのロックダウン、何だか楽しくなってきた。自炊したくない場合、いろんなレストランから仕出しを取れば、これもまた楽しい。配達はグラブを使ってわずかなコストで済む。

4月29日、ロックダウン隔離43日目。マレーシアはついに、光が見えてきた。規制緩和し、終息に向かうようにも見えた。

マレーシア政府の果断な措置、過酷な管理、そして誠実な国民の協力に心から感謝したい。人生の貴重な体験をさせてもらった。一生忘れない。マレーシアに対する愛情が倍増した。終息といっても、ゼロになるわけではない。ロックダウンから学んだことを生かしながら、強く賢くウイルスと共存していきたいと思う。世界は変わった。もう昨日には戻れない。新世界の新常態を迎え入れよう。

２０２０年8月３日、２泊３日の週末小旅行を終えて帰宅（ＲＭＣＯ移行後の国内旅行が自由になった）。マラッカのリゾート農園で大量に仕入れたフルーツが大収穫だった。請求された金額は50リンギット、ローカル価格。ちなみにリゾートで食べてしまったドリアンの20リンギット分を引けば、両手を広げても抱えきれないほどのフルーツが全部でわずか30リンギット（約７５０円）である。

コロナでマレーシア暮らしに大きな変化が起きたのは、こうして「産地直送・直調達」が急増し、食費が大幅削減できたことだ。量的な変化だけでなく、質的に支出の構造も変わってきている。スーパーに行く回数は極端に減っている。コロナが長引けば長引くほどこのような変化がニューノーマルとして定着するだろう。消費者にとってみれば、「直送」系のほうがいいに決まっている。いわゆる「付加価値」というものは裏返せば、消費者にとって「付加コスト」であるから、コスト削減は大いに歓迎される。

コロナのロックダウンがなかったら、こんなことにはならなかった。少なくとも我が家では、この種のニューノーマルがすでにしっかり定着している。連絡帳を開けば、長い「仕入先リスト」が載っている。ＳＭＳ（ショートメッセージ）１通で食料が自宅まで配達されるから、安くて便利。

ロックダウンで大幅に落ち込んだ経済は、ＭＣＯの緩和実施を境に好転を見せた。マレーシア統計局のデータを比較してみると、年ベースでＧＤＰは２０２０年４月のマイナス28・６％から６月のマイナス３・２％へと落ち付きを取り戻しつつある。製造業は６月に４・５％のプラスに転じ、小売業は同年４月のマイナス32・４％から６月のマイナス９・２％へと大幅の回復を見せた。国内観光業も概ね好況に転じ、ホテルの客室稼働率は４月の８・６％から８月には33％へと改善している。一部の観光地のそれは50～80％に達している。

マレーシアは小さな国ではあるが、コロナ禍をうまく乗り切っている49カ国ランキングのなかで、一時は何と台湾に次ぐ2位という好成績をたたき出した（ニッセイ基礎研究所調査）。しかし、９月下旬の、サバ州選挙に起因する感染の再拡大がマレーシア全土に及んだ。

２０２１年正月明け、私はネグリセンビラン州のマウンテンリゾートへ出かけた。３泊の予定だったが、何と休暇初日の1月11日の夜、再度ロックダウンが発令された。国王から国家緊急事態が宣告されたところで、指定特例以外、翌日深夜0時から、州をまたぐ移動が全面禁止となる。コロナ第2波の襲来で、状況が悪化の一途をたどり、それ以上放置できないと政府が判断した。

3泊の滞在予定、静寂に包まれ、ゆったりと流れる時間を楽しもうという贅沢な夢は、儚く破れた。いったん現地の警察にホテル経由で照会するも、自家用車による単なる旅行は、指定特例（家族看病の帰郷や変更不能な航空券・バス券所持など）に当たらないとの返事。1泊だけで繰り上げ撤退を余儀なくされ、翌12日午後、車でホテルを離れる。夕方、移動禁止デッドラインの前に帰宅。その後、一時的に緩和があったものの、感染拡大・感染者数高止まりの基調は変わらず、ロックダウンはついに夏休みに突入した。一方、長期にわたるロックダウンによる国民の疲弊やゆるみも徐々に出てきた。

マレー語で「Jika gagal, maka kita semua akan gagal」。我々が今回失敗したら、すべてが失敗する、という意味だ。一か八かの勝負発言をしたのは、マレーシアのトップ、ムヒディン首相（当時）。2021年6月1日から始まった3回目のロックダウン（いわゆるMCO3・0、後日名称変更）は、マレーシアの最後の賭けだ。

「みんな家にいてください。繰り返します。家にいてください。あらゆるSOP（標準手順）を守ってください。みんなこれができなかったら、すべてが失敗に終わります。今回のロックダウンの成否は、みんな、そして神様次第です」と、首相が国民に呼び掛ける。トップには、最悪のシナリオを描いておく責任がある。最悪を描けずに最悪を迎えた場合こそが最悪中の最悪だ。

ワクチン接種の拡大からは期待がもたれる一方、ウイルス変異種が次々と生まれ、問題を複雑化させた。もしやコロナは消えないかもしれない。６月24日の「ザ・ストレーツ・タイムズ」によれば、長期的リスク管理として、シンガポール政府はすでに、「ウィズ・コロナ」社会へのロードマップの構築に着手した。家庭ごとに血中酸素計測器の常備、重症患者以外の在宅療養、ワクチンの定期接種（３回目以降）、マスクと社交的距離ルールの常態化、クラスター追跡の中止、感染者数でなく重症者数のみの発表、どこでもいつでもＰＣＲ検査体制、ワクチンパスポートの２国間承認、国際旅行における該当者隔離措置の常態化などの体制構築が検討事項となった。

そこには非接触型・少接触型社会の未来像が描かれていた。人の移動・接触・集いをビジネスモデルとする産業・企業は、近い将来に選択と淘汰に直面する。それが真のニューノーマルだとすれば、冷酷なものだ。一般人が期待していた、１日も早く「昨日（従来の日常）にもどる」ことは、不可能になる。昨日の再現はもはやない。

第2章

米中関係に本質的変化が起きた

国家にとって、コロナは何を意味するのか

「このたびのコロナ禍は世界に、広範囲にわたり深刻な衝撃を与えました。世界政治および経済の秩序を根底から変え、世界規模のサプライチェーンの再構築を拡大し加速化させ、地域経済の構造を変えました。そのうえ、コロナ禍は人々の生活や消費形態、さらに国際社会の台湾とその周辺情勢に対する認識をも一変させました」

――2020年5月20日、台湾・蔡英文総統の2期目総統就任演説の一節である。コロナが世界をどう変えたか、これほど簡潔明瞭に表現した演説はほかにない。前章では、マレーシアを事例に人々の生活や消費形態の変化に触れてきたが、本章は米中関係や台湾情勢を取り上げ、世界政治・経済の本質的な変化を読み解いていきたい。

「防疫」と「経済」は、あたかも対立する二択であるかのようにみえるが、実はそうではない。相互関連や相互作用といったメカニズムを正確に捉えて初めて本質に近づくことができる。

「経済」と「政治」もまた同じ。決して切り離して語ることはできない。

政治と法律の関係だけでなく、経済や経営の分野、企業組織のなか、ビジネスの現場に

おいても政治が支配的地位を占めている。労使間や労労間の関係、権力闘争や出世競争はもちろんのこと、企業制度の制定から評価基準の確立と運用まで政治が一刻も止まることなく至る所に浸透している。

分断の意義は棲み分けにある

コロナ禍によって、「防疫」「経済」「政治」という三者が交錯したところ、国家のあり方、国家戦略方針を抜本的に見直し、大転換に踏み切った国がある。それは、アメリカ合衆国である。**世界最大の経済大国アメリカが、第2位の中国と関係を本気で断ち切ろうと決断し、しかも確実に実行に移した、という事実がある。**「デカップリング」という言葉が使われているが、日本語で表現すると、「関係の断絶」「分断」あるいは「棲み分け」といったところだろう。

分断には壁が必要だ。壁は空間の仕切りであり、壁ができれば空間も変わる。壁に付設する開口部（扉や窓）が変われば、動線も空気の流れも景色もすべて変わる。空間の改変によって建物それ自体がもつ意味も変わってくる。人間はそれぞれ居心地のよい、快適空間を求める。それがゆえに、空間の意味は建物内という可視的な空間にとどまらず、広義的にその人を取り巻く社会的空間をも意味する。

融和や統合は、響きはよいが、なかなか実現できないときもある。論争が闘争にエスカレートし、下手をすると戦争に発展しかねないときもある。その最悪の結果を避けるためにも「棲み分け」が有効策だ。

人間は、その基盤を起源とする相違からグループ分けされる。信条や理念から形成される世界観や価値観はなかなか変えられない。身分制度や階級制度が通用しなくなった現代社会では、別の形の「棲み分け」が可能であろうし、合理性もある。IT業界では、「互換性」という言葉があるが、人間社会にも通用する。親和性を有する者同士は仲よく付き合えるが、互換性のない人間同士は社交辞令的な上辺の付き合いができても、互いにストレスがたまる一方だ。時間コストの浪費にもなる。そのときはむしろ「棲み分け」が合理的だ。

グローバル時代の終焉

米中は積年の問題を抱え、コロナという突発的な出来事によって一気に噴出したという状況である。正確に言うと、2016年にトランプ政権ができたときから、米中分断の予兆がすでに見えたのである。時系列に沿って文脈を整理してみよう。

私が配信している、顧客企業向けのウィークリー情報レポートを一部抜粋する――。

◆2017年1月25日

『橋よりも壁を、棲み分け・ブロック化時代の幕開け』

「『米中貿易戦争は、泥仕合で誰も得しない』と、一部のメディアが言っているが、私はそう思わない。米国が断然たる相対的受益者になる。……人間はいつも希望的観測に浸かっている。グローバル化しないと世界が崩壊するかのような言説と、それを裏付ける認識と知性は、グローバル化よ永遠なれという意思に基づいている。その裏には、グローバル化を利益の源泉とする既得権益層が存在しているのである。

皮肉なことに、英国のEU離脱や米国の保護主義復活など、いわゆる資本主義市場経済の元祖である英米が率先して反グローバル化に動き出している。これは決して看過できない。

グローバル時代全盛期だが、一転して反グローバル時代のサバイバル術を真剣に考えるときがやってきた。棲み分け、ブロック化新時代の到来。この変化を大きなチャンスとして捉えて機敏に行動する者とそうでない者、明暗が分かれる。」

◆2018年10月6日

『新冷戦時代を示唆するペンス演説、グローバル経済のブロック化か』

「米国のマイク・ペンス副大統領は9月4日ワシントンで演説し、強烈な『アンチ中国』の姿勢を表明した。日系メディアの報道は演説のポイントを要約して報じているものが多いが、だいぶ丸めているようなソフトトーンが漂っている。

英語の原文ははるかに強硬だった。これはもう貿易戦争だけではなく、あらゆる分野での全面対決を示唆するものだった。メンツを重んじる中国にはもはや譲歩の余地すら残されていない。この演説が『宣戦布告』に位置づけられた場合、新冷戦時代の突入、それ以外のシナリオはほとんどない。

ペンス氏の演説には、中国との合意を目指した上での条件提示が見られない。米国に交渉する気持ちのないことが示され、降伏か戦うかの選択を中国に突き付けている。それは、米国側に戦いに勝つ自信が相当あっての姿勢であろう。……米中対抗の新冷戦時代。そうした仮説のもとで、経済面のインパクトは非常に強い。

貿易戦争に起因するサプライチェーンの再編が今後数年にわたって進んだ場合、最終的に地球上に米中という『大経済ブロック』が出来上がる可能性もある。その『経済ブロック』はまた濃厚な政治的色彩を帯びているだけに、日本の立場も微妙にならざるを得ない。『価値観外交』などと言われていたときと比べると、『価値観経済』が形成された場合、その影響はより深刻である。グローバル経済という概念が打破され、そこから生まれるのは、棲み分けを善とする経済のブロック化である。このようなイデオロギーをベースとした経済ブロック化は歴史的参照値がなく、産業や企業に対して前人未踏の課題を突き付けることになる」

◆２０１９年５月31日『分断に向かう世界でのビジネス』

「米中関係を中心に、東アジアないし世界の情勢は本質的な変化が起きている。グローバル経済云々、政治を経済から切り離し、経済を経済のままにしておきながら繁栄を構築しようとしてきたが、その時代はもう折り返し地点に差し掛かっている。いや、終焉を迎えようとしているのである。

政治やイデオロギーに基づく新たな世界経済の構造は、壁、分断、棲み分けをキーワードとしている。我々ビジネスパーソンはもはや、純粋なビジネスを語っていられなくなってきている。

経営者はどのような立ち位置からどのような目線をもつべきか、この新世界とどのような姿勢で向き合うべきか、そして企業をどのようにリードしてサバイバルしていくか、真剣に考えるときがやってきた……」

◆2020年3月12日
『分断や棲み分け、「中国の時代」と「グローバル時代」のダブル終焉』

「ついに、WHOが『パンデミック』を宣言。世界の末日ではないにしても、2つの大きな変化が避けられない。1つは『中国の時代』の終焉。もう1つは『グローバル時代』の終焉。この2つの時代は互いに緊密に絡み合っているのである。

中国共産党政権は、社会主義を標榜し、独裁支配を続けながらも、グローバル時代の資本主義・民主主義制度を都合のいいように使ってきた。私がいつも言っているように、紳士と盗賊とは紳士ルールで取引をしていたら、紳士が負けるに決まっている。知的財産権などの問題を作り出し、経済的にはサプライチェーンを中国という一国内に取り込んできた同国の独裁政権は、これらを人質にした。

グローバル時代に、すべてのプレイヤーが同一の紳士的ルールに従って取引をしていれば、問題が少ないかもしれないが、そうなっていなかった。利益、特に短期利益の最大化という資本主義制度の動機付けとメカニズムがまんまと中国に利用された。資本主義の巨人である米国でさえもこの本質に気付かなかった。

社会主義がいずれ資本主義に飲み込まれ、消滅するだろうという希望的観測を持ち続けた。しかし、そうならなかった。グローバル化という大義名分を最後まで悪用した中国は莫大な経済的利益だけでなく、政治的にも独裁支配の正当性を裏付ける理由まで手にしたのである。その先は強気になった中共政権はついに、米国というビッグパワーに挑戦を仕掛けようとした。

状況の深刻さに気が付いたのはトランプだった。彼が米国大統領になってから、反グローバル化に走ったのも、状況の挽回を図ろうとしたからだ。中国に作られたサプライチェーンを断ち切って、産業を米国内に回帰させ、国家の『再工業化』に乗り出した。労働集約型産業は中国から移出し、ベトナムや東南アジアあるいはメキシコにシフトし、全体的な『脱中国化』を既定戦略方針とした。

そんな米中貿易戦争の真っ只中に、新型コロナウイルスという怪獣がやってきた。次々と陥落し、鎖国に追い込まれる諸国の惨状を目の当たりにしてあることに気付く。世界が狭くなったのは危機の伝播をもたやすくし、『融合』や『一体化』が裏目に出たのである。国境の大切さ、棲み分けの大切さを改めて思い知らされたときでもある。

『地球共同体』という虚無な概念は、時と場合によっては有害ですらある。共同体の最大単位は決して地球ではないし、絶対にそうならないのである。ＥＵでも再分断する可能性はないとはいえなくなった。少なくとも移民の流入を阻止すべきであり、強固な国境の壁や鉄条網が再建され、再定義された共同体の安全保障が、より注目されるだろう。

中国との棲み分けは不可避になる。イデオロギーや政治制度の相違を看過した経済的取引は危うく、持続性を有していない。痛みを味わいながらも、新天地に向けて一歩を踏み出そう。中国の時代が終わった。グローバル時代も終わった」

トランプ前大統領が目指した、中国抜きの経済秩序

新型コロナウイルスは、中国の研究所で作られたなどとするいわゆる「人工説」がある一方、中国国内で感染が拡散し始めた当時からの「情報隠蔽」も指摘されている。これらを裏付ける証拠や証言、学術論文も続々と出てきたところ、責任追及は避けられない。トランプの大統領在任中の災厄であるだけに、彼はもちろんのこと、彼の後任も徹底的に中国の責任を追及しなければ、米国民は納得しない。

米中の戦いは、遡って2017年、トランプの米大統領就任直後に始まった。2017年から2019年までの3年間は「貿易戦争」という形で続いたが、2020年初のコロナ禍の発生を境に「新冷戦」に変わった。言い換えれば、前半の3年間は「経済的対立」だったが、後半は「イデオロギーの対立」に発展した。「量の問題」から「質の問題」に変わったと言っても差し支えない。

本章の冒頭に政治と経済の関係に言及し、これらが思考や行動様式を支配する前提だと述べた。トランプと中国の戦いも、彼自身のこういった内面的な部分に強く関連している。トランプは当初は中国問題を経済的問題として、貿易交渉という形で片付けようとした。しかし、交渉が難航し、いよいよその裏に隠されたイデオロギーの対立が徐々に顕在化した。トランプはおそらく早い段階でその本質的な部分に薄々気付いたが、それでもできれば何とか貿易交渉という経済レベルで問題を解決しようと試みた。そうしている間に、中国発のコロナショックが米国を襲った。数十万人の米国人が命を落とし、過去３年間で築き上げた米国の経済的繁栄が一瞬にして消えた。

トランプはついに目覚めた。そして腹をくくった。中国問題の根底に横たわっているのはイデオロギーの対立、その構造的な対立を解消しないかぎり、状況は改善どころか、悪化するのみだ。対話では問題の解決にならない。唯一の方法は関係の断絶と「棲み分け」である。

ふたたび、２０１７年1月号の顧客向けウィークリー情報レポートに私が執筆・寄稿した米中関係の分析記事の一節を抜粋する。

「サプライチェーンの再編。――結論から言おう。トランプ米大統領主導の対中貿易戦争、その最終的な意図はこれに尽きる。……トランプ氏はこの市場原理を横目にきわめて政治的な手段、大国の持ち得るすべてのパワーを動員し市場に介入し、政治で経済を制御しようとしているのである。アメリカの国家理念に反しているようにも思えるが、このパラドックス的な現象を解釈するのは実はそう難しくない。……中国を見ればわかる。

中国はまさにこのサプライチェーン、つまり市場経済の産物を都合のよいように利用し、そこから形成された資本の本源的蓄積を生かし、政治的勢力や軍事的勢力の拡張に乗り出したのだった。膨張する経済力を使って途上国との関係づくりに主導権を発揮し、新たな世界秩序を着々と作り上げようとしている。……経済を政治によって制御せざるを得なくなったのだ。中国が作り上げようとする新秩序、その息の根を止めるには、サプライチェーンの無効化という手法がもっとも合理的だ。もちろん、コストや苦痛を伴うだろうが、それ以外には方法が皆無だ……」

「中国を遮断し、中国外で新たなサプライチェーンを作り上げ、産業集積によってノン・チャイナ経済秩序を構築する。これが、トランプ氏が描いたマスタープランではないだろうか。ある意味では紛れもなく一種の戦争である。分かりやすく言えば、アメリカは、米中が互いを不要とする新秩序、いわゆる『分断』を作り上げようとしている。昨今の世界では、『融和』が善であり、『分断』は悪であるという価値観が主流になっている。

しかしながら、自由貿易という『融和』を中国が利用し、経済的利益と政治的利益の二鳥を得ながらも、アメリカは政治的不利益を蒙ってきたという事実は無視できない。したがって、**アメリカはいよいよ『分断』という悪を動員し、政治的利益を奪還しようと動き出したのである。**……『脱中国』という言葉が使われて久しい。その裏には、中国への過度依存という背景があった。いよいよ本格的な分断と棲み分けの時代がやってくる。サプライチェーンに関していえば、『中国外サプライチェーン』は今後数年かけて着々と造り上げられるだろう」

グローバル化の終焉、保護主義の正当化、経済問題の政治化、米中冷戦の開始、分断、棲み分け、脱中国、サプライチェーンの再編、新秩序の構築……。いずれも私が予想した通りの展開になった。

ゲームのルールを決めるのは誰だ

ここ数年の米中の交渉をみていると、気が付くことがある。中国が譲歩しているのは貿易の「量」であるのに対して、米国が求めているのは、中国の構造改革という「質」であった。中国は「おたくの農産品輸入をもっと増やす」と言っているが、米国は「うちの技術を盗むな」と要求している。こんな交渉は妥結するはずがない。

習近平主席は2018年12月18日に開かれた中国改革開放40周年大会で、意味深長な一言を語った。

「改めるべき事で改められる事は我々は断固改める。改めべからざる事は我々は断固改めない」

これはトランプに語り掛けているようにも聞こえる。さて、何が「改めるべき事で改められる事」か、何が「改めべからざる事」かは言及していない。要するに「量」の交渉には応じてもいいが、「質」の変更要求には応じられないという明確なメッセージとみていいだろう。「質」の変更は政権の統治基盤を揺るがすものである以上、習近平はそんな妥協をするはずがない。

一方、トランプが貿易戦争で求めていたのは、ゲームルールの変更であった。他国の知財を盗むな、国有企業に不当な補助をするな、人権侵害や強制労働をやるな、法治や市場メカニズムの下で、堂々と競争することを米国が求めていた。しかし、これらの要求通りに構造改革をやったら、中国共産党独裁支配を支える財源が枯渇してしまう。応じるはずがないのである。

トランプと中国(共産党政権)の対立は、経済的な「量」よりも、イデオロギーの「質」に根ざしている。中国はいわゆる資本主義の拝金的本能を利用し、米国打倒や世界制覇を目指そうとした。現在の中国は、あたかも資本主義であるかのように見えても、本質的な矛盾を抱えている。

マックス・ウェーバーはその著作『プロテスタンティズムの倫理と資本主義の精神』で、次のように示唆した。

資本主義の「精神」とは、単なる拝金主義や利益の追求ではなく、合理的な経営・経済活動を非合理性のうちで支える精神あるいは行動様式（エートス）である。

自他に害を与えず、法律を守ったうえで、より多くの利益を得る機会があれば、その機会を利用すべきだ。逆に利益の少ない選択肢を選ぶほうが、天職への召命（コーリング）に逆らうことになる。神のために労働し、富裕になるというのはよいことなのだ。単純な富の追求は罪であるが、労働に伴う富の保有はそうではない。富そのものの罪よりも、富の所有の上で休息すること、富の享楽によって怠惰や肉欲につながることが罪だ。

富裕というだけでそれが労働をやめる理由にはならない。貧者と同じように労働しなければならない。過剰な消費をせず、無駄をなくし、睡眠時間まで削って、恒常的な労働を積み上げた結果が、富の増加にほかならない。資本が資本を生み、さらなる大きな富を生み出す。消費されない富が再投資に回され、際限なく膨大な富を積み増していく。というまさに近代資本主義の姿が現れたのである。

哲学すら消費しようとする中国

しかし「資本主義の精神」は、富の増加とともに徐々にフェードアウトする。天職の職業労働よりも、現実の世界ではキリスト教を含めて利益追求が目的化されてきた。その変質を引き起こしたものは何であろう。それは人間の欲にほかならない。

そもそも欲があっての禁欲だった。宗教という倫理的規制が機能する世界ならまだしも、それが弛緩した現今の自由主義の世界ではもはや、制御する術がない。

16世紀や17世紀当時のピューリタンたちが、もし生きていたら、今の資本主義社会を俯瞰してどう言うのだろうか。「我々が当時意図していたものではありません」と懸命に弁解するだろう。彼らの間違いではない。歴史はすべて必然的帰結である。プロテスタントに特有の「禁欲」の考え方を、資本主義経済の思想的な基盤とした場合、宗教的な禁断色が濃厚な禁欲ではなく、むしろ世俗範疇内の自己本能抑制的な禁欲（勤勉な知的労働あるいは肉体労働、宗教的倫理規範など）と解すべきであろう。

これは、利潤の追求という資本主義の外見にいかにもパラドックス（逆説）的だ。これが近代資本主義の原理だとすれば、現今の中国は、このような「唯心的」部分を排除した赤裸々の単一「唯物的」な資本主義の道を暴走しているように思えてならない。

キリスト教の原罪論を見ればより明白だ。罪とは、重力のようなもので地球の引力が物体の落下現象を恒久的に引き起こすのと同じ原理にある。つまりは性悪説的な解釈がむしろ自然であり、人間は欲望、エゴイズム（功利主義とは違う）をそのままにすれば、最終的に社会的秩序の崩壊に至らしめ、資本主義の存続基盤を奪い去ることになる。

利潤、欲望を原点とする資本主義、そして禁欲的アプローチ、一見二律背反のように見えても、実はうまく調和が取れ、合理性と非合理性の均衡的な対極である。単純なアクセルとブレーキの関係でなく、禁欲の成分は暴走を抑止するエンジンブレーキのような存在ではないかと思う。

今の中国は「産業発達障害」の患者だ。付加価値を生む産業、特に中国独自の基幹産業の育成よりも、よりスピーディーかつなるべく不労所得的な富を渇望している。これはまさに、人間の原始的な本能や欲望というエンジンを全開させる状態の写実だ。

ここのところ、富裕層の中国人経営者の間では、哲学が人気を呼んでいるという。哲学の学習が「新たなぜいたく品」として持ち上げられた時点で、懸念を持たずにいられない。

哲学というのは、果たして流行のぜいたく品になるのだろうか。さしあたり、哲学は利益追求のツールにされていないだろうか。

哲学の変質ほど怖いものはない。復旦大学哲学学院副院長の鄭召利氏いわく「我々は信仰の乏しい社会に暮らしている。だから、多くの人が哲学や文学を自己の趣味に取り込んでいる」。

前半は事実だが、後半の結論には首を傾げざるを得ない。共産党政権下のいわゆる哲学は往々にして結論にあわせて前提や仮説を作り上げる「逆演繹」的な代物である。

中国を変えるか、さもなくば中国に変えられるか

純粋な利潤の追求は近代資本主義の外見であっても、「唯心的」部分を排除した赤裸々の単一「唯物的」な拝金主義であってはならない。しかし、現実は違っている。宗教・信仰に基づく内面的な「禁欲」が欠落しているのは唯物主義の中国共産党政権だけではない。グローバル経済という美名の下で、中国の経済的魔力に引き込まれた米国の政財界も汚染され、すでに泥沼と化している。

米国に「ドレイン・ザ・スワンプ」という標語がある。「スワンプ」とは、悪臭を放つ

沼のことだ。腐敗した穢《きたな》い黄濁な泥水がたまっていて、なかには蛭やトカゲや毒蛇がうじゃうじゃにょろにょろと這い回って棲息している。そこで、排水溝やバキュームカーのような排水設備（ドレイン）を用いて汚水を排出させる。蛭やトカゲや毒蛇を天日干しにして日光消毒を行い、すべて殺してしまうということだ。

泥沼の傍で、トランプがバキュームカーで泥水を抜き取っているという政治風刺画があった。チャイナマネーによって汚染されたワシントンやウォール街の既得権益層にトランプがターゲットを絞った。

皮肉にも、民主自由主義国家の政財界が社会主義独裁国家によって汚染された。それは社会主義や共産主義に赤化されるのではなく、資本主義制度下で増殖・変異した「唯物的」な拝金主義ウイルスが巧妙に利用されたのである。

このメカニズムは長きにわたりグローバリゼーションという大義名分の下で温存されてきた。誰もが気付かなかった。気付こうとしなかった。気付いても口に出して言えなかった。これもひとえに、グローバリゼーションというあまりにも正論すぎる正論があったからだ。

マイク・ポンペオ米国務長官（当時）は２０２０年7月23日、カリフォルニア州のリチャード・ニクソン図書館で世界を驚かせた演説を行い、中国人民に好意や同情を寄せせながらも、「中国共産党」による「新たな暴政」の脅威に対抗するよう「自由主義の国々」に呼び掛けた。

「我々は中国を迎え入れようとしたが、中国共産党は我々の自由で開かれた社会のルールを悪用し、知財を窃盗し、多くの雇用を奪い、国際ビジネス取引の安全性を引き下げた。……中国共産党は我々の自由まで侵食し、法の支配と秩序を覆していく。これに屈服すれば、危害が我々の子孫にまで及び、自由世界への最大の脅威である中国共産党の望む通りの世界ができあがってしまう」

コロナ禍以降、米国の対中姿勢に明らかな転換がみられた。その1つは称呼だ。「中国」や「中国人民」と切り離して「CCP（中国共産党）」という称呼が意図的に使われるようになった。ポンペオが演説のなかで、「中共の最大の嘘は、それが14億の中国人民を代表していることだ」と指摘し、「党国一体化」の支配戦略に取り組んできた中国共産党に真正面から攻撃を仕掛けた。

ニクソン図書館で演説したのも意味深長だ。1972年2月21日に米国大統領リチャード・ニクソンが中華人民共和国を初めて訪問し、毛沢東主席や周恩来総理と会談して、米中関係を和解に導いた。これが1つの新時代の幕開けとなり、あまりにも突然な出来事だったため、「ニクソン・ショック」と呼ばれている。

ニクソンが期待していたのは、中国が西側諸国と付き合い始め、徐々に経済的に豊かになれば、民主主義への変貌を遂げ、自由世界に溶け込んでいくという将来像だった。しかし、善意が冷酷な事実に否定され、中国は期待通りにならなかった。それどころか、自由世界に中国共産党のルールを押し付け、支配を狙った。つまり、ここまできて中国共産党政権と西側とはイデオロギー的に相容れない、相互協力し融合的な関係を築くことが絶望的になったことが実証されたのである。

今、我々が直面するのは、我々が中国によって変えられていくか、それとも中国を変えるかの選択である。

「君以此始、必以此終」。漢文の古典（左伝）で、「ここに始まれば、必ずここに終わる」という意味だ。1972年のニクソンの訪中が「始まり」だとすれば、ほぼ半世紀が経った2020年、このポンペオの演説はまさに「終わり」の宣告になる。「新ニクソン・ショック」と名づけてもよさそうだ。この激変は単に米中という二国間関係の変化だけでなく、米国という国家のあり方の本質的な転換と言っても差し支えない。

安い製品を求めて高い代償を支払う

国家のあり方の転換からは、国民の生き方の転換も要請される。

まず、資本主義の原点ともいえる自由経済について、中国との商取引をめぐって課題が提起されている。

自由経済とは、各経済主体の活動が各々の自由意志に任され、国家などによる干渉や規制を受けない経済体制である。商品は、市場における自由競争で取引（売買）される。国は市場に介入せず、商品の種類や価格・量などは、市場の仕組みで決定される。

しかし、トランプ政権は対中貿易という通商分野にとどまらず、コロナ禍を境に２０２０年後半からは中国系企業との取引の制限、さらに中国系企業の追い出しまで、一見資本主義の自由経済を否定するような政策を次々と打ち出した。

米国にかぎらず、世界各国と中国の経済関係は拡大・強化され続けてきた。世界の工場として安い人件費や優秀な労働力、そして整備されたサプライチェーンといった優位性により諸外国が中国に製造基地を次々と設け、大量の製品を世界に向けて送り出し、地球上の至る所に「メイド・イン・チャイナ」の製品が溢れた。「安かろう悪かろう」の代名詞的存在だった中国製品は徐々に「安くてよい」製品へと変身し、世界の消費者に多くのメリットをもたらした。まさに資本主義自由経済とグローバリゼーションがあってこそのよき出来事、つまり「善」であった。

トランプ政権はなぜ、この「善」にケチを付け、これを妨害しようとしたのだろうか。

経済的利益の追求は、資本主義の永久不変の法則である。ただ、1つの問いが常に付きまとう。安いものは、なぜ安い？

多くの国の多くの企業が中国に投資して基地を作ったり貿易をしたり調達を行う。こうして長年の取引を積み上げた結果、産業集積やサプライチェーン（供給網）ができた。今さら、代替サプライチェーンの構築は困難だ。なぜならせっかく作り上げたものを捨てて別途立ち上げると、余分なコストがかかるからだ。コスト削減、経済的利益の最大化のためにも中国にとどまった方がよい。それはその通りだが、「安いものはなぜ安いのか」という問いに答えていない。この問いに目を向けてみよう。

第1に、知財権の侵害問題。研究開発には莫大な投資が必要だ。他人の知財を盗んでそのまま使えば、大きな投資コストが削減できる。売値も安くなり、競争力が強くなる。場合によっては世界市場の制覇にまで至る。安い商品を買って何が悪いかといったらそこまでだが、ルール違反や犯罪の手助けになっていいのだろうか。

２０２０年9月17日、台湾訪問中のキース・クラック米国務次官（当時）は、自身の体験談を交えて中国に絡んだ知財権問題に触れた。クラックは過去、世界初の企業間（B２B）電子商取引企業、アリバ（Ariba・現SAPアリバ）を創設している。アリバは現在でも世界最大級のプラットフォームで、取引額は数兆ドル規模に上る。氏はこう語った。

「90年代後半、数人の中国人訪問客が我々の企業本部に訪ねてきた。結局、彼らは我々のある事業コンセプトを盗んだ。その会社は今のアリババ（Aribaba）です」（２０２０年9月17日、台湾経済誌「ビジネス・ウィークリー（商業周刊）」）

エピソードに出てくるような事業コンセプトやらアイデアやら、そのレベルになれば、何のためらいもなく頂戴するだろう。そもそも、企業訪問を許したのがいけなかった。付き合いをしないこと、棲み分けすることが一番だ。

第2に、国家補助・不正競争の問題。ブラックな知財権問題を抱える安売りだけではない。世界市場を手中にするため、国家がさらに金（補助）を出して特定の企業を支援する。資本主義の市場メカニズムなら原価割れの廉売はできない。しかし、国家が裏にあってバックアップすれば、そんな心配はない。不当な廉価設定はいくらでもできる。市場の独占も可能になる。いったん市場を独占すれば、やりたい放題だ。これは到底公正な市場競争とはいえない。資本主義の原理に逆らうものである。

第3に、民主主義毀損の問題。市場独占は、商業目的ならまだしも、政治的に悪用すれば、恐ろしい結果になる。SNSや電子取引分野におけるパフォーマンスの拡張は、地球上のいかなる地域にも浸透し、個人情報を意のままに入手できるようになりかねない。ビッグデータを悪用して国境を超えて個人の思想信条を監視・統制し、プロパガンダを繰り広げ、洗脳を行い、諸外国の選挙までコントロールする。絶対に容認してはならない話だ。

第4に、労働搾取・人権侵害の問題。最近徐々に露呈し始めたウイグル人の強制労働に外国企業も関与しているという深刻な話。

人権侵害に絡んだ原料や資材、製品を調達し、これらをサプライチェーンに組み入れただけで、人権侵害への加担責任を問われかねない。これはもはやアパレル産業にかぎった話ではない。一般論として捉えるべきだろう。あらゆる産業や企業が、このような人権侵害問題をかかえるサプライチェーンを使っているだけで問題になる。原材料の供給部門である川上（上流部門）から最終消費者である川下（下流部門）に向けての供給活動の連鎖にクリーンさを確保しなければならない。「単なる商売だけだ。ほかは知らない」では済まされない。

不当利得や人権侵害などの違法性や民主主義をはじめとする普遍的価値観の毀損に目を

覆う。知らないふりをする。知ろうとしない。そうした姿勢が通用しなくなる世の中だ。「安いものはなぜ安いのか」が問われる時代だ。日本国内市場も安い商品やサービスを無節操に追求する余り、ブラック企業の問題、つまり労働搾取の問題が浮上する。個別のブラック企業問題を広域的に捉えれば、その背後に見え隠れするのは、いわゆる「グローバル経済」の存在にほかならない。

1つの世界、2つのシステム

中国がグローバル経済を讃える一方、トランプは反グローバル化に走る。常識的に善悪を判断する前に、この命題の深層、闇の部分を見つめる必要があるだろう。

グローバル経済は世界にメリットをもたらしつつも、その一側面として「ブラック経済」の影を落としている。ブラック企業だって消費者に利益をもたらしているわけだから、同じ原理だ。

グローバル経済そのものが決して悪ではない。ただルールが悪用されているから、是正が急務になっている。今はグローバル経済のメンテナンス期間中で、運行の一時休止が必要だ。浄化作業によって「クリーン・サプライチェーン」を作り上げる。そんな時期に差し掛かっている。サプライチェーンの棲み分けである。

台湾系中国語メディアの間では、ある言葉がもてはやされている――**「非紅供応鏈」**（ノンレッド・サプライチェーン、非赤供給網）。要するに、共産政権である赤色中国以外の供給網のこと。中国語の漢字から「供給網」と訳されることもあるが、少し説明が必要だ。日本語の「供給網」はしばしば「部品供給網」と解されるが、「サプライチェーン」とは、ある製品が原料の段階から消費者に至るまでの全過程のつながりのことを意味し、厳格にいうと広範囲を網羅する「包括的供給網」である。

台湾・行政院の龔明鑫政務委員は、「台湾経済は短期的に、米中貿易戦争からマイナス影響を受けるが、それで多くの台湾企業が投資を台湾に戻すから、国内では新たな産業集積が形成されるし、さらに東南アジアとの協力によって、『非赤供給網』ができあがるだろう」との見方を示し、「台湾企業が東南アジアの国々で『赤供給網』以外のサプライチェーンを作り上げれば、向こう20年以内に、世界で中核サプライチェーンの役割を演じることになるだろう」と指摘した（２０１９年5月15日、台湾・民視影音報道）。

「AまたはB」ではなく、「AとB」だ。「赤供給網」と「非赤供給網」の2系統のサプライチェーンが共存・並行する。中国が香港返還にあたって、世界初の「一国二制度」を打ち出した。サプライチェーンはあえてその二番煎じにして「一世界二系統」と位置付けるのも悪くない。数十年の平和共存を目指したところ、いざ途中で何らかの事情で「一国二制度」のように有名無実になって1系統に収束しても致し方ない、そんな感じでいいのではないだろうか。

ＷＨＯやらＷＴＯやら国連といった国際機関も、最近親中かどうかの問題でもめているが、これらも第二のＷＨＯやＷＴＯ、第二国連にして2系統形式にすればいい。労働組合だって第二組合が存在するくらいだから、それでいいのではないだろうか。国際機関に中国が浸透して不当に影響力を行使するという指摘もあるなか、あえて2系統に棲み分けすれば相互牽制ができて制度的健全性の強化につながる。

「非赤供給網」は単一国家でなく、複数の国・地域に分布するだけに、今のような中国一国集中のリスクが低減される。さらに各国は得意分野に応じて異なる役割を引き受けるという合理性もある。たとえば、ベトナムやインドが労働集約型の製造基地となれば、台湾はハイテク産業の中核を担う。このように形成された地域にまたがる「非赤供給網」はインド洋から南シナ海、台湾海峡、東シナ海、日本海までとつながり、地政学的に自ずと「非赤シーレーン」を形成し、地域安全保障上のアドバンテージとなる。

第3章

アフターコロナと中台の行方

台湾モデルの成功

新型コロナウイルスの来襲、米中の分断と棲み分け。２０２０年、激変する世界の真ん中に立とうとしているのは、台湾であった。

２４００万人の人口を擁し、経済的に中国と緊密化の一途を辿ってきた台湾は、初期段階では新型コロナウイルス感染確認者数を５０９人、死者数をわずか7人に抑え（２０２０年９月21日現在）、完勝に近い秀逸な成績をたたき出した。その一連の取り組みは、「台湾モデル」として国際的にも高く評価されている。

台湾は２００３年に流行した重症急性呼吸器症候群（ＳＡＲＳ）の経験から多くを学び、感染症流行時に緊急対応を行う即応体制として、政府内に専門のセンターを設置し、何よりもまず情報機能を強化した。このセンターが、２０１９年末の段階で中国の武漢で怪しい肺炎が発生し拡散している情報をいち早く把握し、即座に検疫の強化に踏み切り、早い初動対応を可能にした。これに加え、２０２０年明けには医療体制の整備やマスクの生産体制拡充などにも着手し、万全の態勢で臨んだ。この辺の話は、昨今の日本においても多く語られているので紙幅の都合上、割愛する。逆に成功したとされる台湾が日本の防疫体制をどう見ているのか、少し取り上げてみたいと思う。

何よりも、新型コロナウイルスの発生地である中国からの入国制限をためらった日本政府に批判が寄せられた――。

「安倍首相は習近平主席のことを崇拝するあまり、国内外の反対を押し切ってでも、数年かけての一大仕事、習氏の国賓訪日を成し遂げようと気が狂い、中国の意思を忖度し、『大げさに騒ぐな』という北京の指示に従って、新型コロナウイルスの深刻さを無視し、中国人客の入国制限をためらい、それがダイヤモンド・プリンセス号の処理に至るまでミスにミスを重ねた。習近平のためなら、中国人が日本国内のマスクを買占め、高価転売しても、規制に乗り出す姿勢すら見せず、日本国民の健康と人命をとことん軽視した」（2020年3月6日、台湾「ｎｅｗｔａｌｋ」紙）。

前台北市立法委員（市議員）の沈富雄氏が日本の防疫体制モデルを取り上げ、こう酷評した。

「何をすればいいか分からず、体裁すらなしていない。日本という国がいちばんダメなのは、優柔不断なこと。当初から中国人観光客のインバウンドの利益を貪る一方、リスクにまったく無関心。ダイヤモンド・プリンセスの惨状に無策のまま、大国の風格貫録を完全に捨て去った。国土が広いだけに、これからの最善策は区域を画定し、台湾モデルを生かして取り組むことだ。あとは運任せのみ」（２０２０年2月17日、「台湾聯合新聞網」）

的を射た総括ではないだろうか。真の友人だから、本音を吐いてくれた。さらに、台湾人作家、欧陽靖氏がこう指摘した――。

「18年前のＳＡＲＳの当時、日本は（中国人観光客に）開放しておらず、幸運にも大きな被害に遭わなかったが、今回の新型コロナウイルスは様子が違った。問題に気付いたにもかかわらず、日本人は議論ばかりして有効な解決策を打ち出せなかった。疫病との戦いは時間との戦いだが、日本人はその本質を見失った。

ＷＨＯへの盲信と盲従も問題。ＷＨＯの提言に従って中国人観光客の入国を制限しなかったし、検疫官が防護服を装着せずダイヤモンド・プリンセス号に上船した。いずれもマニュアルや上司の指示に忠実に従った行動だったが、結果的にウイルスが拡散した」（２０２０年2月20日、「三立新聞網」）

国際的プレゼンスを高めた台湾

一連のコメントからは、台湾がどのような原理原則をベースに行動したかが見えてきたので、まず整理してみたい。何よりも、「中国を信用しない」という一点に絞られている。

忖度どころか、そもそも中国共産党政権はまったく信用に値しないため、主体的に情報を探り、少しでも疑点があれば、直ちに性悪説的に捉え、防御体制に入ると。

台湾メディアでは、防疫措置を語る際に必ず出てくる用語がある。それは、**「超前部署」**。日本語でいうと、「先手先手の対策を講じる」。２０２０年5月20日、蔡英文総統は2期目の総統就任演説のなかで、次の4年に向けての基本姿勢について「超前部署、脱胎換骨」という8文字で総括した。「私は必ず先手先手の対策を講じ、台湾を徹底的に生まれ変わらせる」。

日本の政治家なら「日本を取り戻す」を標語とし、トランプ米大統領（当時）は「Make America Great Again（米国を再び偉大な国に）」と一回りスケールの大きいものを掲げた。いずれも参照対象となる栄光に満ちた過去があったのだ。しかし、蔡英文台湾総統が「台湾を徹底的に生まれ変わらせる」と絶叫するのは、このような参照できる輝かしい過去が存在しなかったからだ。

１９１２年に大陸で建国した中華民国は、戦乱の歴史で辛酸を嘗め、やっと第二次世界大戦の終戦を迎えたところで、国共内戦が激化し、ついに大陸から台湾に放逐される。一難去ってまた一難、70年代には国連からも追放され、日米をはじめ主要国との国交が断絶され、世界の「孤児」に転落。李登輝元総統は国民党による一党独裁体制を解体し、強力なリーダーシップで台湾を民主化へと導いた。しかし、最大規模の民主主義華人国家として栄光を浴びる暇もなく、経済的な中国依存が強まり、グローバル経済のなかでも、世界の表舞台に登るチャンスに恵まれることはなかった。中国共産党政権の圧力や金銭的攻勢でほとんどの国際機関から追い出され、国交のある国はわずか15カ国にとどまる（2020年9月現在）。中華民国台湾の歴史はまさに苦渋の歴史であって、臥薪嘗胆の歴史でもあった。

しかし、ついに転機が訪れた。WHOに排除された台湾は、自力の奮闘で新型コロナウイルスとの第1フェーズの戦いで世界トップクラスの好成績を上げた。さらに米中冷戦が繰り広げられるなか、台湾のプレゼンスが格段に向上し、米国が主導する「非赤供給網」のリーダー役になったのである。米台関係が緊密化したその根幹となるのは、民主主義の価値観や自由経済の共通ルールなどといったものがある。

二股外交で実利を取る

ポンペオ米国務長官（当時）は2020年7月23日、カリフォルニア州のリチャード・ニクソン図書館での演説で、ワシントンの新しい対中（共産党政権）基本姿勢を打ち出した――「distrust and verify（信用しないこと、かつ検証すること）」。米ソ冷戦時代のレーガン米大統領が対ソ姿勢に「trust but verify（信用するが、検証もする）」を提唱していたが、これと比べると、今の米国は中国共産党をかつてのソ連よりも敵視しているように思える。「distrust and verify」――よくみると、台湾が取ってきた対中基本姿勢の焼き直しではないか。中国をそもそも最初から信用しない。常に検証している。それが台湾だ。

米中間の信頼関係は、ほぼ失われた。崔天凱駐米中国大使（当時）は２０２０年７月21日、「今（米中間は）対話すらできない」と嘆き、そして少し遡っての７月９日、王毅中国外相は「（米中間は）対話チャンネルを復活させるべきだ」と呼びかけていた。一連の発言を裏返せば、状況がいかに深刻かが分かる。

米中という2つの大国との付き合い方は大変難しい。これは何も日本だけの話ではない。台湾にとってもデリケートな問題だった。２０１９年までの台湾は日本とほぼ同じ「政米経中」の基本姿勢に徹していた。経済的に中国とのつながり、中国依存を強めながらも、政治的には米国側から離れようとしなかった。無節操な二股といったらそこまでだが、実利的には十分な合理性があったのだ。

中国の反日運動などで日中関係が冷え込んだ時期もあったが、経済分野においては本質的な影響がなかった。つまり「政冷経熱」という状態だった。これも実利的な付き合い方で非難されるべきではない。

ただ、気付いてほしいことが1つある。その時期は、米中関係がよかった時期でもあったことだ。米国も中国という「世界の工場」を利用し、イデオロギーや基本的価値観の相違など見て見ぬふりをし、金儲けに没頭していた。トランプでさえ貿易交渉でいくら激しく応酬しても、2019年後半に香港問題が深刻化するまでは人権問題を積極的に取り上げようとしなかった。貿易戦争はあくまでも通商問題にとどまっていた。

こうして米中の関係が良好な時代に、たとえ少々の喧嘩があっても別れ話さえ出なければ、日本も台湾も米中の二股をかけて、使い分けることに問題はなかった。しかし、いざ米中が全面的な敵対関係に陥った場合、二股というわけにはいかなくなる。夫婦がいざ離婚となれば、子どもは辛いが、パパとママのどっちにつくかを決めなければならない。

台湾も悩んだが、決断も早かった。米中を天秤にかけて短中長期の利害関係を計算して答えを出すにはそう時間を要さなかった。その答えは台湾の行動をみればすぐに分かる。台湾は米国を選んだのである。

「手駒」扱いの先を見据える

誰にでもいい顔をして特定の側に肩入れしない、常に中立の立場を取る。「八方美人」は一見すると賢明な選択のように思えるが、実はそうではない。短期的によくても、最終的に誰にも信頼されなくなる可能性が高い。という理論の下で台湾が米国を選んだとはいえ、では米国の手駒になってあとから見捨てられたりはしないか、そういう懸念もあるだろう。

大国の手駒にならずに自力で何とかできるのならいいが、小国弱国は必ずしもそこまでの力を持ち合わせていない。すると**したたかな手駒になるのも賢い選択といえる。**

今でこそ強そうに見える中国でも、昔は貧しい弱国で大国の手駒として利用されていた。その背景には米ソという２つの大国の戦いがあった。米国が社会主義国家の中国と組んだのは、ソ連という宿敵と戦うためだった。中国は賢い、ズル賢い手駒になったのだ。イデオロギーの異質性よりも当面の利用価値に米国が着目し、「自由主義の我々西側諸国と付き合っている間に、中国も自ずと自由民主主義の国になっていくだろう」という希望的観測を抱いた。米国の読みが甘かった。中国は米国の望む通りにならなかった。それどころか、逆に浸透され、西側諸国がそのまま中国の罠に引きずり込まれようとした。

米ソの戦いで米国の手駒に選ばれたのは中国であり、台湾は落選した。国連追放や国交断絶、台湾はとことん米国に裏切られた。過去のトラウマをまったく引きずっていないといったら、嘘になる。しかし、今の状況は米ソ時代と異なる。米ソの戦いでは中国が米国の手駒にされたのだが、今戦っているのは米ソでなく、米中なのである。米中の戦いに台湾が手駒に選ばれる番になったのだ。台湾は文化的には中国本土と同種でありながら、政治的に中国共産党の独裁制度と正反対の民主主義制度の国家である。

さらに経済面をみても、台湾はアジアのなかの先進国であり、特に米中の戦いを制する要の1つとされる半導体産業では、世界トップクラスの実力をもっている。詰まるところ、台湾に取って代わり得る手駒はほかに存在しない。これだけの優位性をもった台湾は、米国の「手駒誘い」に乗らない手はない。

米国側についた台湾にとって最後のリスクは、米中の戦いに米国が負けた場合だ。この辺の話を展開すると、収拾がつかなくなる。紙幅の関係もあって別の機会に譲りたい。シンプルな結論からいうと、台湾は様々な仮説のもとでシミュレーションをかけるだろう。米中の経済力や軍事力などの単純比較だけでなく、諸々の外部要因も折り込んだうえでの動態的なシミュレーションだ。それこそ国家戦略を裏付ける極秘シミュレーションだけに、外部に漏れることは絶対にないが、ただ一連の事象からヒントを得たり、仮説的に推論したりすることができよう。

2020年9月、クラック米国務次官（当時）が米台断交以来最高位の高官として訪台した際、蔡英文総統らと非公開の会談を行っている。サプライチェーン再編、5G、デジタル技術、エネルギー、インド太平洋地域、李登輝元総統の告別式参列などのテーマが取り上げられた。そのなかでも注目されたのは総統官邸での晩さん会に、台湾最大の半導体企業である台湾積体電路製造（TSMC）創業者の張忠謀氏が招かれたことだった。

張氏が蔡英文とクラックの間、真ん中に立って撮影した1枚の集合写真がある。これは何を意味するのか。台湾の半導体、情報・通信機器産業は、世界のサプライチェーンの中核をなし、それが米台両国をつなげるキーであることを示唆していたように思える。つまり、台湾は米国の単なる「手駒」ではないのだ。

そしてハイライトとなるのは、蔡英文総統が語ったこの一言――**「台湾は、肝心な一歩を踏み出す決意ができている」**。

「肝心な一歩」とは何であろうか。「決心」を必要とするほど万難を排してその一歩を踏み出した先にあるのは、間違いなく、台湾のニューノーマルであろう。特にバイデン政権の登場により、それがどんなニューノーマルになるのか。

蔡英文総統を「民選代表」と呼ぶバイデン政権は、本気で台湾を守り続けてくれるのか。「戦略的忍耐」(strategic patience)。——2021年1月25日の記者会見で、ホワイトハウスのスポークスマンがバイデン政権の対中政策について、この言葉を繰り返しながら明言を避けた。高まる反中の機運を前面に、バイデン政権は親中の内実にいかに反中カモフラージュを施すか、言い換えればトランプが築いたいわゆる不可逆的な対中強硬路線を、いかに可逆的なものに変換するかという政策課題に腐心しているようにも見えた。

バイデンは各国と協議しながら、対中政策を決めるとしている。しかし、これまでの経緯をみると、むしろ中国を恐れている。中国利権を貪ってきた欧州など諸外国を横目に、トランプ率いる米国は反中陣営の先頭に立った。

反中陣営が存在するならば、それは米国が音頭を取ってこその話である。バイデン政権がやる気のない仲間と相談するのは、やる気のない証拠だ。最終的に相談に相談を重ね、相談を不作為のための手段にすり替えるのが目に見えている。

台湾も日本も、真の自立がニューノーマルになるべき時期に直面している。蔡英文総統が踏み出すその「肝心な一歩」も大変厳しい一歩になろう。台湾だけではない。日本にも同じことが言える。

経済界の重鎮が衝突する対中ビジネスの未来

コロナ禍は、マクロ、ミドルおよびミクロという3つの側面から世界に本質的な変化をもたらした。マクロ面では、グローバル化の軌道修正および米中の分断・棲み分け、サプライチェーンの再構築が加速化した。

一方、産業や企業、社会の構造、個人のワーク・ライフや消費形態といったミドルないしミクロのレベルにおいては、同時連鎖的な変化が起きている。従来の常態や常識、つまり平時の「オールドノーマル」が通用しなくなり、フェードアウトする。その代わりに、有事に伴う諸種の事態や現象が徐々に常態化し、ニューノーマルとしてフェードインする。

まず中国との接し方から話を展開しよう。

我々の生活は「メイド・イン・チャイナ」に支えられている。米国が主導する対中デカップリング（棲み分け）に日本は果たして便乗できるのだろうか。日本国内でも見解が分かれている。２０２０年９月23日の産経新聞で紹介された、米国大手紙「ウォール・ストリート・ジャーナル（ＷＳＪ）」９月15日の記事から、正反対の見解を唱える日本経済界の重鎮２人、ＪＲ東海（東海旅客鉄道）名誉会長の葛西敬之氏と、経団連会長（当時）

の故・中西宏明氏の発言部分を引用する。

「日本としてはまず対米同盟を優先するべきであり、中国にもそのことを知らせる必要がある。中国がもしそのこと（日本の対米同盟優先）がいやだったら、お気の毒、というだけだ」「日本は米国と緊密に歩調を合わせて進まねばならない。もし中国が日本と米国を離反させられると少しでも思えば、あらゆる手段を使って、試みるだろう。そうなると日本の政治は中国の介入によって大混乱に陥るだろう」「日本の企業は、中国での活動を中国側にうまく操作されることを避けられる範囲内に制限しておくべきだ。いざという危機にはその活動をすべて止めてもなお大丈夫だという程度に抑えておくべきだ」

ＷＳＪのランダース記者は以上のように葛西氏の意見を紹介したうえで、同氏からみて中国の危険性を過少評価している人物の名を挙げるよう質問した。葛西氏はただちに経団連会長で日立製作所会長の中西宏明氏の名を挙げて、次のように述べたという。

「中西氏はジオポリティックス（地政学）を理解していない」

ランダース記者は当の中西氏にインタビューして葛西氏の言葉を伝え、見解を尋ねた。

中西氏は次のように語った。

「私は確かにジオポリティックスの専門家ではないが、日本の隣国の中国との歴史的な絆については理解している。そのときの政治によって数十年かけて築いたビジネスのパートナーシップの成功を覆すことには反対だ。私の中国に対する見解は葛西氏の考えとはまったく異なっている」「もしこの国（中国）を敵とみなし、無視しながら、なお経済活動を続けようとすれば、それに伴う危険はかえって高くなり、自滅的な行動にもなりかねない。中国とは隣国として可能なかぎり仲よくしよう」

結論からいうと、私は葛西氏の見解に同意する。では、葛西氏と中西氏の見解はなぜ、どこで、どのように食い違ったのか。

仲よくすることは、利益につながらない

まず、歴史に立脚して将来を語るという中西氏の姿勢が見て取れる。歴史的に日中間のビジネスパートナーシップを築き上げるには長い年月がかかったことから、大切にしようという主張は、埋没コストの概念に基づいている。過去の事業に投下した資金・労力はドブに捨てるべきではない。あるいは固定資産の減価償却という考え方が中西氏のなかにあったかもしれない。

しかし、そこから「中国と可能なかぎり仲よくしよう」という結論をたやすく導き出せるのか。目的と手段の倒錯があってはならない。そもそも、中国と仲よくすることが目的

なのか、手段なのか。仲よくすれば、必ず日本の長期的利益につながるのか。日本の長期的利益のために、仲よくするのが適正かつ唯一の手段なのか。このように複眼的に検証する必要があるのではないだろうか。

次に、対米関係。発言をみるかぎり、中西氏は米国との関係に触れなかった。仮説として、米中のどちら側につくかを選ばなければならないとき、その選択の基準とは何か、どのように選択するのか、中西氏は解答を用意していたのだろうか。葛西氏は「対米同盟を優先する」という前提を明確に規定したうえで、論理的に結論を導き出したのである。ジオポリティックスに立脚したその文脈がはっきりしている。一方、中西氏は経済優先で、政治的敵対関係を排除しようとした。中西氏は自ら認めているように、ジオポリティックスを排除したうえでの結論だった。となると、国家間の経済関係は、ジオポリティックス抜きにして語れるのかという新たな問いが浮上する。

政治があっての経済。葛西氏はさらに「日本企業の中国事業が中国側に操作される」というリスクを提示し、「いざという危機」も想定したうえで、「日本企業の活動をすべて止めても大丈夫な状態」という具体的なリスク管理の方向性を明示したのである。これらに対しても中西氏からは一切言及がなかった。明らかに中西氏の結論は不完全なものであった。

葛西氏は決して経済論や経営論を軽視・無視しているわけではない。持続可能な長期的利益を担保する経営インフラに着目しているからこそ、国際政治を重要な前提としたのであろう。残念なことに、このような「政治的な経営の眼」をもった日本人経営者はそう多くない。それは純粋な経済や経営の分野では、「量」の追求がどうしても優先されるからである。

私がビジネススクール時代に「中国経済」を教わった、現代中国の代表的な経済学者である呉敬璉氏はこう語る。

「中国の証券市場はまるで1つの大きな賭博場のようだ。しかも規範化されていない。賭博場でさえルールがある。たとえば、他人のカードを盗み見てはいけない。だが、中国の証券市場は、一部の人たちは他人のカードを見ることができるし、カンニングも詐欺もできる」

株式市場は単なる氷山の一角にすぎない。「ルールがないのがルール」という運任せだったら、それも公平のうちだが、中国との取引は、ルールメーカーも審判も選手も一体化した試合である。中国は自由民主主義、資本主義下の公平な競争ルールをフェードアウトさせ、知らず知らずに不正な独自ルールをフェードインさせようとしていたのである。その本質をトランプが見抜いた。ルールを元通りに戻せと中国に求め、中国がそれを拒否したところで、中国との取引中止、棲み分けを決めたのである。

トランプが考えていたのは、目先でなく、長期利益である。中国との取引ルールを元通りに戻すことだ。自由主義諸国の本来のルールに戻るまでは、中国との取引をいったん中止するという経過措置を取ろうとしたのである。

中国は大きな市場である。放棄すべきではないという主張は正しい。ただ目先の利益だけを追求すると、本質を見失う。持続可能な、長期的恒久的な利益の獲得を担保するルールが毀損し、崩壊すれば、利益総量レベルでは大きな損失となる。

トランプは商売人だ。彼が目指しているのは神聖なる正義よりも、単なる「未来志向の商売」にすぎない。中国市場や中国ビジネスでもっともっと大きな利益を生み出すために、今は一時的に取引中止をし、ルール問題を先に解決しようということだ。**ルールを制する者がゲーム（市場）を制す。**

妙薬か麻薬か、サプライチェーンの海外移転

コロナ禍は、もともと乱れていた世界の乱れ方を浮き彫りにしてくれた。我々が生きてきたこの世界は乱れている。その乱れた渦の中心は、経済のグローバル化である。

「グローバル化」によって国境がなくなり、地球が狭くなった。世界が1つになった。資本主義の分業化が地球規模で進み、先進国からは製造業が消え、中国をはじめとする新興国に工場が移設された。日本や米国のような先進国では、第三次産業が主力になり、いわゆる高付加価値の領域に特化した。

そこに新型コロナがやってきた。グローバル化した世界は、感染症の拡散に都合がよかった。あっという間にコロナがほぼ全世界の国や地域に拡散した。多くの国でまず取られた手段は国境の閉鎖、さらに国内地域ごとのロックダウンであった。防疫のよくできた一部の国では、国内の活動を徐々に開放しつつも国境を死守し、国際線を飛ばそうとしなかった。

航空機メーカーの2020年2月の株価と同年10月の株価を比較すると、ボーイング社もエアバス社もわずか8カ月間で、そろって50%以上、下落した。フィジカルな人的移動の需要が極端に低迷したことは、ある意味で反グローバル化を示唆するものだった。

グローバル下で中国一極集中になった製造業、サプライチェーンも大きな問題をもたらした。多くの先進国ではマスクなどの防護具を生産する機能が極端に不足していた。そこで市場の需給関係に起因する供給不足や物流の問題だけならまだしも、意図的な買占めや輸出禁止政策が加わると危機的な状況になる。マスクや人工呼吸器ですら自給自足できない日本は、「中国依存」の危険性を知った。これはまさにグローバル規模の産業細分化や高度集中が招いたリスクの端的な表れといえる。

生産基地は労働コストの安い国へ移転する。グローバル化を裏付ける経済学の原理に基づくが、潜在的リスクの想定が欠けていた。予期せぬ感染症の襲来により、グローバル化の闇が暴き出された。

経済のグローバル化の核心は、コストである。このコストに目をつけたのは中国、正確に言うと中国共産党政権である。元々安かったコストをさらに引き下げようとした。サプライチェーンの集結を伴ういわゆる「世界の工場」が形成されている以上、一企業が中国から移出しようとしても、動けない。サプライチェーンが一種の「人質」になった。

高度な生産能力をもっていても、中国は高度な技術や研究開発力をすべて身に付けたわけではない。いわゆるサプライチェーンの上流を押さえるべく、中国は動き出す。ここ数年ITをはじめとするハイテク分野において、国家戦略を立てて注力し、目を見張るほどの成果を上げた。無論そのなかには、不正不当な手段も含まれていた。

サプライチェーンを押さえ、世界の工場ができた。最大の受益者は、ホスト役の中国共産党政権とゲスト役の多国籍企業である。欧米や日本から中国にやってきた多国籍企業は利益を得ている以上、中国共産党の「恩恵」に感謝しなければならなかった。

中国の利益の核心を担う「統戦部」

中国は経済成長の初期段階においては外国の投資や技術が必要だったため、諸外国に頭を下げて低姿勢だった。しかし資本の本源的蓄積を終え、一大経済大国に成り上がった。中国共産党政権には、国民の監視機能も政権交代も存在しないため、恣意的にルールを制定し、情報を操作し、ゲームを自分に有利な形でプレイすることができる。しかし、勝手なことばかりをやっていると、諸外国に警戒され、嫌われ、相手にされなくなる。そこで、彼らは「Ｗｉｎ－Ｗｉｎ」ルールを考えた。Ｗｉｎの片方が中国共産党の権力層であることはいうまでもないが、もう片方の相手は誰かというと、多岐にわたって選ばれた「統一戦線」の対象者集団である。中国語では「統戦対象」という。

「統一戦線」とは、様々な取引から生み出される利益を共有する相手を取り込み、そこで作り上げた利益共同体のことである。ちなみに中国共産党の組織図には中央統一戦線工作部（略称「統戦部」）という専門の組織があって、この重要な仕事を担当しているのである。

「統一戦線」とは通常、組織対組織の活動だが、中国は面白いことに、対組織と並行して対個人の場合が多い。ビジネスに例えると、「B2B」よりも、「B2C」を偏重する。相手の組織との協力関係の構築よりも、利益共同体を前提としたキーパーソンとの関係構築を最重要としたりする。その相手は外国政府の首脳や要人、あるいはその一族や関係者だったり、有力な政治家だったり、財界の要人や大企業の経営者だったり、メディアや金融機関、シンクタンク、大学・学術研究機関のキーパーソンだったりする。

「統一戦線」には莫大な財源が必要だ。民主主義国家ならこんな怪しい出費を予算案に盛り込めないし、盛り込んだとしても国会で通らないだろうが、独裁政権の下では指導者の鶴の一声でいくらでも予算を用意できる。さらに、「統一戦線」を通じて行われる利益の分配は、合法的なものもあれば、「グレー」や「クロ」も含まれる。形態的にも一般の商取引から意図的な取り込み工作まで多岐にわたる。

総じて言えることは1つ——。**ある利益が生まれると、ほかの利益が損なわれることが多い。**

たとえば、中国企業の株式公開には大きな利益チェーンが絡んでいると言われる。合法的な手数料だけでも巨額に上り、中国企業の株式公開でウォール街全体が潤っているといっても過言ではない。もちろん株式公開の手数料はあくまでも氷山の一角にすぎない。様々な裏取引が行われ、利益集団が暗躍している。政治との結託により、シロがグレーになり、グレーがクロになったりもする。そうした「利益サプライチェーン」が出来上がると、より多くの利益を手にするためにも、案件をなるべく増やそうとする。そこで米国の監査基準を満たさなかった怪しい案件も出てくる。

巧妙かつ大々的なプロパガンダ

こうして、特定の利益集団に大きな利益が生まれる一方、金融市場の秩序が破壊され、多くの一般投資家の利益、場合によっては国家利益の毀損にもつながる。トランプ大統領（当時）はこのあたりにメスを入れ、中国デカップリング政策を掲げた。当然ウォール街は面白くない。

米国の主流メディアは、中国共産党政権から巨額な広告費や記事掲載費をはじめ多大な利益を得ているから、これも利益共同体である。台湾中央社は２０２０年8月6日付でアメリカのニュースサイト「ワシントン・フリー・ビーコン」の報道を引用し、中国共産党系の「中国日報」（チャイナ・デイリー）が長年にわたって米国メディアに有料報道を依頼し、プロパガンダ工作を行ったことを暴露した。報道によれば、「ワシントン・ポスト」と「ウォール・ストリート・ジャーナル」だけでもそれぞれ毎月10万ドル以上の委託料を受け取り、中国のためにプロパガンダ系の記事を紙面に掲載している一方、「ニューヨーク・タイムズ」は中国日報から多額な広告費を受け取っているという。このようなメディアはトランプの反中姿勢に賛同するはずがない。それよりも、過激なトランプたたきに余念がない。

グローバル化の美名の下で、製造業が米国からこぞって中国に持っていかれ、米国の労働者は職を失った。トランプは「米国人のために仕事を取り戻す」と絶叫し、労働者階級・社会底辺から支持を取り付けた。いざ蓋を開けてみると、製造業の本国回帰、つまりオンショアの「再工業化」が出口である。米国だけではない。日本も同じだ。

第4章

日本の「しくじり」を総括する

「おもてなし」の時代はすでに終わっている

明日は今日より悪くなるかもしれない。そういう時代だ。大方の人が貧しくなる。貧乏人らしく貧しい生活をするか、新たな道を自ら切り開くか、これが現実であり、そして真実である。

新型コロナが社会構造そのものを変え、ほとんどの人の生活水準を引き下げる。大多数の中産階級の貧困化は、社会全体の貧困化を意味する。この現実を忌避すればするほど多くの問題が生じる。もっとも大きな問題は、誰かによって固有の日常や既存の所有を奪われたという、個々人の心理的な抵抗である。

外食ができなくなったり、旅行へ行けなくなったり、綺麗な洋服が買えなくなったりすることで、人間は死にはしない。ただ今まで当たり前のように手に入ったものがなくなったときの喪失感が大きい。人によってはその喪失感から立ち直れなくなったり、人生が崩壊したりする。このような将来にならないためにも、為政者は現実を忌避することなく、国民に説明する責任がある。ただ、言いにくいことを言うには多大な勇気が必要だ。

しかし、日本の政治家はどうも違うことをやっていた。「Ｇｏ　Ｔｏトラベル」「Ｇｏ

To Eat」などと銘打つ代物はまさにその代表格。コロナ危機で打撃を受けた観光業や飲食業、イベント業を盛り上げようと政府が様々な支援策の検討に当たることは悪い話ではない。特定の利益団体が絡んでいるという指摘もなくはないが、少なくとも大義名分が立ち、政府の意図は基本的に間違っているとはいえない。

ところが、災厄後の社会は大きく変貌し、観光業や飲食業といった産業自体が市場メカニズムによって構造的に大幅萎縮した場合、いくら助成しても効果が表れない。それどころか、場合によっては逆に消費力をなくした人たちの反感を買いかねない。明日が今日より良くなるどころか、今日の維持や延長すらできない。こうした現実を糊塗し、平和を粉飾するほど無責任なことはない。

何も日本にかぎった話ではない。世界的にもコロナ後の産業構造が大きく変わり、第三次産業の萎縮を想定する必要がある。日本の場合、第三次産業の従業者数は全産業の約75％を占めているというが、たとえばその3分の1あるいは半分が余剰となった場合、受け皿をどう用意すればいいのか。これは経済や産業の課題である以前に、政治的課題でなければならない。

日本の第三次産業はすでに過剰である。ＩＴの最先端を走ることができない以上、質的優位性を失い、量的過剰に陥り、世界的競争に負けている。コロナ禍が単にこの問題を早期顕在化させただけだ。
「おもてなし」という日本のサービス産業の優位性も凋落した。理由は3つある。
①「おもてなし」の定義が多様化している。特に海外市場となれば、発信側（供給側）と受信側（需要側）の概念共有ができていない。同床異夢的な「供給と需要の質的ミスマッチ」がある。
②「おもてなし」抜きの財・サービスの基幹機能の低価格提供への需要が高まっている。いわば付加価値を不要とする消費者ニーズの拡大。「供給と需要の量的ミスマッチ」といえる。
③「おもてなし」の美名下で繁殖した無駄や生産性低下が限界まで来ている。これが一番大きな問題だ。
コロナ禍がこの構図を浮き彫りにしてくれた。この先は、第三次産業の縮小が着々と進むだろう。余剰人員の受け皿は、中国から撤退し、国内回帰した一部の製造業（第二次産業）と「明るい農村」（第一次産業）、そして高度化する第四次産業にほかならない。

米中貿易戦争の真っ只中に、新型コロナウイルスという怪獣がやってきた。次々と陥落し、鎖国に追い込まれる諸国の惨状を目の当たりにして、あることに気付く。**世界が狭くなったことで、危機の伝播をもたやすくなった。「融合」や「一体化」が裏目に出たので**

ある。国境の大切さ、棲み分けの大切さを改めて思い知らされたときでもある。

メイド「イン」の重要性を再認識せよ

安倍晋三首相（当時）は2020年3月5日に開かれた未来投資会議で、新型コロナウイルスの世界的な広がりを受け、「中国などから日本への製品供給減少によるサプライチェーンへの影響が懸念されるなか、一国への依存度が高く付加価値の高い製品は、日本への生産回帰を進める。そうでない製品も一国に依存せず、東南アジア諸国連合（ASEAN）などへの生産拠点の多元化を進める」と述べた。

時代の趨勢は明確である。外資の中国撤退、サプライチェーンの国内回帰（オンショア化）や再構築は避けられない。中国国内市場をターゲットとする一部を除いて、多くの日本企業は日本国内回帰と東南アジアへのシフトに動き出している。

もう1つの方向は第四次産業。第三次産業の萎縮と他産業分野へのシフトだが、第一次と第二次産業に関しては、単なる「量」の増加、戦前復帰ではなく、産業のグレードアップ、高度情報化といった「質の向上」が欠かせない。日本は、世界を見渡してもこの分野では出遅れている。伝統的な雇用体制や既得利益、あるいは固定観念が産業革命を妨害していた部分もあるが、逆にコロナ禍によって状況が一変し、追い風が吹き始めたようにも見える。ＡＩ、ＩｏＴおよびビッグデータにより第一、二、三次産業の高度化を促進し、産業間の波及効果が生まれれば、日本の産業社会は復活し、ルネサンス期を迎えるだろう。

さきほど、日本の第三次産業は過剰だといったのは、需要と供給の関係からみたものだ。インバウンドに傾いたのも、国内需要の不足があってこその施策であり、言い換えれば、形を変えたサービスの輸出でもある。日本はすでに内需主導型経済になっているのに、結局気が付いたら、輸出に頼らざるを得ない。

昭和時代の日本経済は確かに輸出主導ではあったが、それが結果として国内の設備投資と雇用創出を生み出していたことを忘れてはいけない。海外からの受注増に応えて国内で工場の建設や生産能力の拡充が行われ、長期安定雇用が可能になり、連鎖的に国内労働者の所得が増え、国内消費市場の拡大につながった。

「メイド・イン・ジャパン」の「イン」というフィジカルな生産属地性がキーだったのである。**輸出主導型経済とはいえ、実は、フィジカルな生産活動によって支えられる内需がその原動力となっていたのである。**

しかし、いざ製造業が中国に移転してしまうと、「メイド・イン・ジャパン」が「メイド・バイ・ジャパン」になった。「ＩＮ」と「ＢＹ」の差は大きい。この転換によって、

「IN」の恩恵を中国が受けることになり、「メイド・イン・チャイナ」が世界市場を席巻した。

中国経済は投資、輸出と国内消費（内需）という3つのエンジンで動いている。米中冷戦によって今は投資と輸出がクラッシュし、最後のエンジン、国内消費だけが頼りになる。中国の国内消費市場は壊れていない。ただ、国内消費を動かす燃料の不足が目立ち始めた。燃料はどこから来ているかというと、投資と輸出であった。旺盛な投資と膨大な輸出で得た金を消費に回すわけだ。

最近、中国国内では「内循環」が盛んに語られている。要するに、中国経済という飛行機の機内で燃料を作り出し、その燃料を国内消費というエンジンに送り、飛行機を飛ばし続けることだ。

燃料をどう作り出すか。産業が必要だ。中国の基幹産業は何かというと、不動産である。不動産が基幹産業で繁栄する国家は世の中に存在しない。中国にはできるのか。最近大手不動産開発会社がどんどん資金ショートに陥っている。結局これも燃料問題だ。

もう1つ、基幹産業になりかけていたのはITハイテク産業。キャッシュレス決済とかEコマースとかで日本をリードしているというが、結局運用ソリューションにすぎない。肝心な技術基盤をもっていない。

半導体チップの問題がもっとも大きい。中国が自前で辛うじて作れるのは14ナノメートル級というが、それも相当怪しい。世界最先端を走る台湾のTSMC（台積電）が2ナノメートルに取り組んでいるのに、追い上げに何年かかるのか。大変厳しい。中国の半導体といえば、SMIC（中芯国際集成電路製造）。それも米国の制裁対象にされれば、最後の一撃だ。

投資、輸出と内需の関係は、このように中国の事例からも説明できる。インバウンドといったサービス業の「外需」に頼っても、ホテルや小売業といった一部の業界や企業しか潤うことがなく、日本経済は全体的に活性化できない。しかも、コロナ禍のようなリスクには弱い。

製造業が国内回帰せずに、いつまでも海外を頼っていたら、どんなに設備投資や雇用を増やしても、お金はすべて外国に落ちる。日本人はどんどん貧しくなるだけだ。国内消費に回せる十分なお金がなければ、国内消費市場が萎縮する。需要が低迷すれば、過剰な供給が行き詰まり、過酷な価格競争に陥る。コスト削減に追われる企業は、労働者を酷使せざるを得なくなり、ブラック企業化する。

日本人の所得を増やすためには、産業構造だけでなく、様々な仕組みを変えなければならない。今までやってきたことや「常識」をいったんゼロベースにリセットして、新たなシステムを作り上げる必要がある。

「安全」と「安心」は必ずしも両立しない

資本主義の本質は、イノベーションだ。イノベーションの本質は淘汰にほかならない。ポスト・コロナ時代、そしてAI時代には、リセット、淘汰が避けられない。従来の日本社会は、富（原資）の総量の増加に頼って全員分配ができた。農耕社会はトータルボリュームの肥大化に依存していた。しかし、狩猟採集社会から農耕社会への変化は、果して「進化」といえるのか。その進化に伴う喪失ないし退化とは何か。自己保存、生存本能の弱体化と、その弱体化を正当化する諸解釈である。つまりは、牙を悪とする解釈だ。たとえば狼と羊。狼が羊を食ってしまうのも、一種の淘汰である。なぜ、狼が悪で羊が善なのか。

種の進化に倫理的解釈を折り込むと、矛盾を抱え込むことになる。弱者に正義があって死後の彼岸に天国という極楽世界が待っているとすれば、羊には天国、狼には地獄という結論になる。そんなに天国がよいなら、早く死んだ方が利益になる。このような演繹が成り立つはずがない。ニーチェいわく「事実はない、解釈のみがある」。まさにその通りだ。

狩猟採集社会から農耕社会への進化といえば、不安定・移動型社会から安定・定住型社会への変遷であり、安全が確保されたうえで安心感が得られた。そのことは画期的といえる。

しかし、「安全」と「安心」はまったく異なる概念だ。「安全」(Security)は、客観的状態。「安心」(Relief, Peace of mind)は、主観的感受。「安全」から「安心」が生まれるという現象は、100%の善ではない。「安心」から「無防備」という状態が生まれると、最終的に「安全」が損なわれるからだ。

では、「不安」はどうだろう。「不安」からは「警戒心」が生まれ、「警戒心」からは「防衛」が生まれ、「防衛」からは「安全」が生まれ得る、というパラドックスがある。

政治家であれ、経営者であれ、国民や社員に、「安全」と「安心」を同時にコミットできるものではない。我々一人ひとりも、単なるコンフォートゾーンの追求で思考停止に陥ってはいけない。**目先の「安全」ではなく、あらゆる危険に備えができたときにしか、「安心」が生まれないし、生まれてはいけない。**

戦後の日本社会において、長きにわたり、偽りの「安全」から生まれた「安心」は、決して本物の安心ではなかった。このことは今、特にコロナ禍によって証明されつつある。村落の囲みから一歩出れば、そこはサバンナだ。静態から動態への変遷、産業構図の大変革、産業そのものの再定義・再構成が進むことで、日本は流動性に満ちた高度な「モビリティー型」の狩猟採集社会へと変貌する。

繰り返される「戦力の逐次投入」という愚行

２０２０年1月23日、武漢は新型コロナウイルスの拡散でロックダウンした。４日後、1月27日午後、私は日本国首相官邸に次のメール投書をした。

「新型コロナウイルスについて。日本は島国です。陸続き国家に比べて、ウイルス防御上の優位性があります。この優位性を早い段階で発揮すれば、公衆福祉に寄与します。以下提案します。

①臨時緊急措置として、中華人民共和国からの全定期便空路・定期船を1日も早く、すべて遮断する。
②上記緊急措置を2週間にかぎり実施し、状況が改善すれば速やかに再開する。
③期間中は、在留邦人とその家族（1親等の中国国民を含む）の退去のみを目的として、チャーター便を毎日運行させる。チャーター便の搭乗費用はすべて個人負担とする。

④必要に応じて、チャーター便搭乗者の日本国内での一時隔離・検査を義務付ける。
以上、至急ご検討のほどお願い申し上げます」

私は疫学や公衆衛生学の専門家でもなければ、高い地位に立つ有力者でもない。こうして提案しても説得力がないし、採用されるはずがない。投書には何らの反応もなかったが、むしろ想定内で、もしその当時、日本政府がすぐに手を打っていれば、状況は違っていただろう。

日本政府は、「戦力の逐次投入」に徹し、情況の展開（悪化）を見ながら、小出しにして対策を積み上げていた。危機管理上の一番のタブーであり、太平洋戦争のガダルカナル島の教訓が生かされないまま、コロナの拡散を許した。感染症を含めて、危機管理の基本は、「想定最悪を上回る過剰反応で、資源を一気に投入する」。そこで過剰投入した部分を、現状に照らして少しずつ減らしていけばいい。

兵は神速を尊ぶ（「魏志」郭嘉伝）

兵は拙速を聞くも、未だ巧の久しきを睹ざるなり（「孫子」）

戦争で多少作戦がまずくとも、短期決戦で勝利する話は聞くが、長期戦で勝ったという例は聞いたことがない。コロナのような災厄はとにかく、当初から一気に過剰と思われるほどの防衛策に打って出るのが肝心だ。

とはいっても、中国との政治的リスクを踏まえて、危機管理実務の立場から考えた私の提案は、感染症の専門家という目線が欠落しており、専門性の不足はいうまでもない。根拠不足なまま、リスクを過大に捉えており、急進的すぎる。

では、感染症の専門家からこのような提案が出された場合はどうだろう。一般公開情報をみるかぎり、そうした報道はなかったようだ。報じられていなくても、裏でそうした議論や提案があったかもしれない。実情は知りようがないが、いずれにせよ日本政府の初動が遅かったという結果だけは周知の通りだ。

独自ルートで武漢の情報を得ていた台湾

一方、台湾では異なる様相を見せた。2020年5月8日付「ブルームバーグ」の記事は、以下のように報じた（記事中の数字は当時のもの）。

「緊張感をはらみつつも、なお緊密な中国大陸とのネットワークを使って新型コロナの

『震源地』、武漢に関する情報にいち早く接した台湾は、昨年12月31日には封じ込め戦略に着手していた。その結果、地理的に中国に近いにもかかわらず、人口約2400万人を抱える台湾の新型コロナ死者は、わずか6人にとどまっている」

「台湾衛生当局の高官、羅一鈞氏は大みそかの朝にインターネット掲示板で1件の投稿を目にした。台湾は貿易や投資、雇用などで中国と頻繁に交流しており、報道機関やブログ、ソーシャルメディアなどを通じ、中国政府や社会の動向を観察することにたけている。『台湾は中国の感染症の見張り役だ』と羅氏は説明。『我々は世界に警報を発することができる』と話す」

その1件の投稿とは、中国本土の医療関係者が原因不明の肺炎について警告するテキストメッセージなどを要約したものだった。その3時間後に、台湾は北京の衛生当局に情報開示を要請する電子メールを送信。北京の衛生当局は同日の午後になって、武漢市で未知のウイルスに27人が感染していると発表した。

台湾衛生当局は非加盟のWHOにも電子メールを送り、中国の一部の患者は治療のために隔離されていると報告。隔離は、ウイルスが人から人へと感染し得ることを示す証だった。

上記の一連の情報が日本政府に伝わったかどうか定かではないが、もし伝わったとすれば、日本当局は台湾と同様の早期措置に踏み切れたのだろうか。答えはおそらくノーであろう。大きな理由は4つある。

理由その1は、意思決定を裏付ける「根拠」が不足していたことだ。

情報の提供者は台湾当局であり、公衆衛生の権威機関WHOではない。台湾筋の情報よりも、必ずWHOが公式発表した情報の即時性や信憑性が高いのか。事実は明確にこれを否定した。中国にいじめられ、WHOに排除されてきた台湾だからこそ、恒常的に独自の情報入手に努め、素晴らしい成果を上げたのである。まさに、パラドックス。

さらに日本が頼りにしていた「権威ある機関」WHOは、中国との癒着、既得利益でなすべき責任を果たさなかった。ついにトランプ米大統領（当時）は、WHOは「中国の操り人形だ」と批判し、中国のコロナ隠蔽工作を支援したと強く非難したうえで、2020年7月6日付でWHOからの正式な脱退を国連に通知した（翌年1月に撤回）。

事件の経過から、日本人の権威への妄信と盲従が、いかに有害かが証明された。本来、**議論の対象は「Who」ではなく、「What」でなければならない**のであるが……。この人なら信用できる、信頼できる、というのは日本人の大きな弱点だ。

「信用」や「信頼」には、前提があるべきだ。「たとえ裏切られても怖くない。すでに手を打ってある」という前提である。それゆえの余裕ある「信用」と「信頼」である。「対人型」（Who）でなく、「裏切られたらどうするか」「裏切られないためにどうするか」。このように「対事型」（What）で命題を提起すべきなのだ。

意思決定を裏付ける「根拠」は、論理的な議論（What）であり、そのうえで、当事者（Who）の利害関係でなければならない。「Who」とは、その当事者の利害関係が「What」に影響を与えるか否か、どんな影響を与えるかを評価する対象である。

すべてにおいて決断が遅かった日本

理由その2は、上記と反対方向になるが、意思決定を妨害する「政治」が存在していたことだ。

中国依存にどっぷり浸かっている日本からすれば、中国を刺激し、怒らせることを何としてでも避けたかった。「お宅の国からコロナ感染者が日本に来ないように、悪いが航空便を止めますよ」など到底言える立場ではない。逆に、たとえば、中国が日本に台湾発の感染症情報を流したとしよう。日本は台湾との航空便往来を止められるかというと、はるかに簡単だろう。決して批判しているわけではない。国際政治とはそもそも国家間のパワー配分やそれをめぐる争いであるから、そうした判断があってしかるべきだ。しかし、対中軟弱姿勢がはたして日本の国益に合致しているかという議論がまず必要だ。本題から逸れるので、その話は割愛する。

理由その３は、利害関係の「計算」が間違っていたことだ。

「二兎を追う者は一兎を得ず」というが、安倍首相（当時）は習近平国賓訪日、東京五輪、インバウンドという三兎を追おうとした。結果はどうかというと、三兎をすべて失った。戦略不在が問題だった。

「戦略」とは何か。私のビジネススクール時代、初日の授業に先生から**「戦略とは、やることとやらないことを決めることだ。しかも、大切なのは、やらないことをまず決めることだ」**と教わった。取捨選択は「捨」から始める。コロナ禍という危機に直面した日本の指導者は、残念ながら、正しい戦略的判断ができなかった。

ウィンストン・チャーチルいわく「Never let a good crisis go to waste（よき危機を無駄にするな）」。日本人はどうしても、「リスク」や「危機」を悪として捉える。とんでもない。「危機」は「機会」なのだから、それを最大限に生かすべきである。安倍氏は危機を無駄にした。コロナ危機を前にして他国よりも先に果断な意思決定を下せば、台湾以上の実績を出せたかもしれない。政治的実績を上げるには、危機はある意味で最大のチャンスである。世界大恐慌のなか、国を守れただけでも、歴史に名を刻む名宰相になる。オリンピックなどよりはるかに大きな、大きな価値があったはずだ。

理由その4は、「空気」が醸成されていなかったことだ。

仮に、権威への妄信と盲従がなく、早い段階で正確な情報を入手したうえで、論理的に情報を分析し、中国への特別な「配慮」もなく、正しい防疫戦略を構築したとしよう。そこからは円滑に施策に取り組み、実施できたのだろうか。答は「ノー」。「空気」が醸成されていなかったことがその理由だ。

誰から見ても、そうせざるを得ない、そうするべきだという状況の確認が必要だ。たとえ全員に、あるいは長期的に利益になることが明らかであっても、一部の人に著しく目先の不利益があった場合、空気の醸成が難しくなる。

論理的な議論という「理性」と空気の醸成における「感性」がたびたび対立する日本社会では、合理的な意思決定を行うことはそう簡単ではない。空気の醸成に時間を要する場面が多く、有事の対応に不向きである。

コロナ対応では、一気に過剰なくらいに防衛策を講じることが求められる。その緊急対策によって、当座の利益を侵害される当事者は、ほとんど全国民に及ぶ。空気がまったく醸成されていないため、意思決定はできない。そんな意思決定をすると、独裁者扱いされ、たたかれることは目に見えている。与党がそういうことをやると、たちまち野党にやられる。だから、状況の悪化を確認しながら、その現状に合わせて小出しに対策を積み上げるしかない。言ってみれば、段階的な空気の醸成を前提にしている。

コロナの場合、現状が10日から2週間前の感染状況の反映であり、すでにタイムラグが生じている。さらに空気醸成の時間を加味すると、これはよく言われている「後手後手に回る」状態につながる。

ざっとみて、日本の対応は平均1～2カ月以上遅れていると考えられる。一刻を争う事態への対応であるから、これでは失敗するだろう。誰が悪いと責めても、一種の宿命としか言いようがない。

生きていることがいちばん美しい

当時、第1フェーズのコロナ防疫でもっとも成功していた台湾は、屈指の親日国家でもある。しかし、コロナ禍の拡散・深刻化とともに、台湾国内や在日台湾人コミュニティから徐々に異色の日本批判が広がった。

台湾国内では、このような問いが提起されている。

「日本は、新型コロナウイルス感染者・死者が何人出れば、オリンピックを中止するのか？　それとも、データと無関係？」（2020年2月17日付、台湾「NOW news 今日新聞」）。巨額な五輪投資をドブに捨てるわけにはいかない。どんなにコロナが拡散・深刻化しても、大会は開催する。台湾人から見た日本は狂っている。2月16日の台湾「三立新聞網」から拾った書き込みの一部――。

「このたびの肺炎でみんな（台湾人）の日本人を見る眼が変わった」

「日本人のやり方（コロナ対策）には失望。期待外れだった」

「春節連休の中国人客訪日を止めなかった時点で、その先が見えた」

「日本人は変化を好まない。自分をがんじがらめに縛りつけている」

「ここ数日のニュース、彼ら（日本人）の（危機）処理手法を見て、開いた口が塞がらない」

「311（大震災）のときを見れば分かる」

「驚いてひどく失望した。日本政府が（対中政策で）強硬になってほしい」

「確かに、日本人は何でも丁寧できめ細かいと思ったが、ここ（防疫対策）だけは根本的に違う」

「日本は中国に媚を売り始めた頃から、おかしくなったのだ」

「平和ボケの日本人が国（日本）を盲信し、国（日本）が中国やWHOを盲信する」

「命を捨てても銭を拾う」……。

　さらに、新型コロナウイルス危機に陥った日本へ義援金を贈るかという問いに、ノーの答えも目立った。理由とは――。


「日本に欠けているのは金ではない、政府の頭脳だ」

「日本政府はしっかり教訓から学んでほしい」

「五輪をやる金があっても、疫病防止に金と時間がないのか」

「あの（親中）幹事長には寄付しない」

「中国共産党のケツを舐め続けてろ」

「今回は天災ではない、人災だ。絶対に寄付しない」

「自業自得」

「馬鹿には寄付しない」……。


　今回の新型コロナウイルス危機で、台湾の対日印象が180度転換したようにもみえる。ある在日台湾人留学生のネット投稿を抄訳する。

「日本へ旅行に来る台湾人の皆さん、再考してください。日本は深刻な状況にある。それは日本政府が『防疫』と『利益』の間で間違った選択をしたからだ。皆さんは、台湾にお住まいというだけで幸せだ。日本では1箱のマスクを1万円で売っても罰せられない。熱を4日間も出し続けないと、検査してもらえない。すべてが運次第だ。……（日本の）桜も雪景色も美しい。けれど、来年も再来年もある。命は一度しかない。日本にいる私が今気付いたことだが、生きていることがいちばん美しい。お願い、しばらくは日本に来ないで。航空券をキャンセルして損をしても、命よりはるかに安い」

台湾人が理性的にみえる。彼らは今でも親日だ。決して反日になったりはしない。親日だからこそ、日本の問題を目の当たりにして落胆し、批判の言葉を口にした。期待があっての失望だ。

「法・理・情」、日本と世界のミスマッチ

コロナ禍ほど、日本人の生き方を知るための最良の学習材料はない。世界で深刻化しつつある状況を無感覚的に諸外国の他人事として捉え、初動に遅れ、ＷＨＯのデータや公式発表を盲信し、事態の悪化とにらめっこしながら戦力を逐次投入した。日本の牧歌的、性善説的なアプローチは、台湾をはじめとする中華圏では「佛系」と揶揄された。

このような意思決定は決してすべて政治家や官僚の無知や不作為に由来するものではなく、むしろ日本人の一般的思考回路や社会的環境と親和性をもっていたのである。

台湾人の批判をみると、防疫の成果を目標や目的とする合理性が目立つ。しかし、日本社会における「空気」の醸成は、実務的合理性よりも、共同体の合意という情緒的な部分に価値を置いた。仕事により大きな成果を出すよりも、「みんな一緒に気持ちよく仕事をする」ことが大切なのだ。

私は経営コンサルタントを主たる職業としている。仕事柄、何よりも論理的な議論が大切だ。しかし、ときには、こういう場面がある。顧客企業の経営幹部と一緒に議論し、そこから導き出された結論をいざ実施しようというフェーズになると、先方が難色を示してくるのだ。「それはそうだけれど、でも……」。

どうも言いにくそうなその「でも……」は、要するに「組織内の空気が醸成されていない」ということだ。だから、経営コンサルタントは、「空気」の醸成も仕事の1つとして取り組む必要があるのだ。

「法・理・情」。――経営コンサルティング現場で、私が多用する概念である。コロナ対策現場にも適用できる。

法＝法令による強制力の付与、罰則付き。

↓

理＝徹底した検査・隔離という合理性。

↑

情＝自粛の要請、自律性への期待。

諸外国は、「理」（合理性）である実務措置の実効性を、上方の「法」で担保する。日本は、要請という下方の「情」に訴える。そこで差が出るわけだ。

第5章

人事サイドから見た危機対応

マレー発・カキルマ式ビジネス

マレー半島南部ジョホール州のバトゥパハ。

「漆喰の軒廊のある家々でつづいている。森や海からの風は、自由自在にこの街を吹きぬけてゆき……」

金子光晴が著書『マレー蘭印紀行』でバトゥパハの町並みをこう描写している。

「軒廊（カキルマ）」とは馴染み薄い言葉ではないだろうか。中国南方に起源する建築様式で「騎楼」ともいう。台湾では特に多く見られるが、建物の2階部分が歩道へせり出して、歩道を覆う屋根となる。つまり、建物の道路に面する1階部分を、通行人が通れるように半屋外にし、同一様式の建物がリンクハウスとして連続することで、屋根を持つ歩道空間が生まれる。

飲食業界は、経済の好不況やコロナ禍のような災厄により浮き沈みの非常に激しい業界といえる。そのなかでもいささか不思議に思える現象がある。過去十数年、日本以外の特に東南アジアを中心に観察した結果として、**零細業で華人が経営する多くの飲食店はどんなに不況でもどんなに客が来なくても、潰れることなく、しぶとく経営を継続しているこ**

とが分かった。さらにその多くは、家族経営による騎楼型店舗だった。

騎楼型建築の共通点は、「商住両用」である。1階部分は店舗、2階や3階は私用空間の住居として使う。公道に接している開口部のシャッターを下ろせば、建物全体が完全な私用空間になる。

テレワークやリモートワークでなく、完全オンサイトのライフワーク（職住）一体化である。通勤時間ゼロ、家族ビジネスであるがゆえに勤務時間は柔軟性に富み、シフト交替も自由自在。客が殺到すれば、室外にも客席を増設して一族総出、1人多役で対応する。

店舗は自宅兼用となっているので、賃貸料は発生しない。これがいちばん大きい。飲食業にとって賃貸料は大きな固定費の1つである。新型コロナのような不況期ないし営業中断期に差し掛かると、売り上げが激減し、場合によってゼロにもなるが、固定費は従来通りにかかってくる。現に賃貸料が重くのしかかって店が潰れるケースも多発している。

もう1つは給料、人件費。客が入らなくても、売り上げが立たなくても、従業員を雇っている以上給料を払わなければならない。完全休業になった場合、一時帰休やリストラができるが、営業継続しながらも客がほとんど来ない場合はもっとも厄介だ。売り上げゼロでも、給料支払いは発生する。

しかし、騎楼店舗のほとんどが家族経営であるから、晴耕雨読モードで対応できる。雇用するとしても、皿洗いなどのアルバイトでトレーニングの必要はなく、簡単に雇ったり解雇したりすることができるから、その分の人件費は実は、固定費でなく、変動費なのである。

自由自在な経営スタイルの強み

諸問題の根源は、財務的費用構造だ。ビジネスの採算性にかかわる「固定費」と「変動費」を考えてみよう。

変動費とは、売上高に比例して発生する費用である。仕入れた原材料や部品などが代表的な例であり、売上が増えるほど仕入れも増え、売上が減ると仕入れも減らしていくわけである。固定費とは、売上高に関係なく発生する費用のことである。「販売費および一般管理費」ともいわれ、賃借料や水道光熱費、保険料、通信費などがそれに該当する。そして何よりも最大のウエイトを占めるのが人件費である。

損益分岐点とは、その名前の通り経営上の赤字と黒字の境目となるポイントのことを指す。事業を継続していくうえで発生する支出と、事業の売上高が拮抗するポイントと考えることもできる。損益分岐点は固定費、変動費と、売上高を用いて算出することができる。

固定費が大きい場合、損益分岐点に到達しなかったときの損失は大きくなる。売上が伸びなくても、出ていく固定費は一定だからである。したがって収益性を上げるためには、一般的に「固定費を下げる」という手法が用いられる。固定費を下げれば損益分岐点も小さくなり、少ない売上でも利益が出るようになる。

特に市場の競争が激しく先行き不透明だったりする場合、固定費の削減は経営リスクを低減するうえで大変有効な手段となる。しかし、いったん上がってしまった人件費は下げられない、解雇やリストラもできないということになると、固定費がただひたすら膨張していくことになる。最終の手段としては、固定費の変動費へのシフト、つまり固定費であるはずの人件費を変動費にもっていくよりほかかない。あるいは**固定費の占める比率を最小限に抑える**ことだ。

騎楼モデルは、まず主たる固定費であるはずの賃貸料と人件費を固定費の枠から外し、見事にこの難題をクリアしてしまう。損益分岐点をゼロに近い、もっとも低いレベルに設定した時点で、極端な話、売り上げゼロでも何とか乗り越えられるのだ。

理論上、固定費ゼロのビジネスは不滅だというが、騎楼モデルはこの理想化したモデルにかぎりなく近づこうとする。さらに変動費の削減と効率化においても極限に挑む。飲食業といえば、最大の変動費は食材。家族経営であるがゆえに、使い切れなかった食材は廃棄することなく自家消費用に回せる。調節機能も抜群。魚が売り切れて肉が売れ残ったら、一族の食卓に肉料理が上るといった具合で変動費の削減が最大化する。

雇用調整にはコストがかかる

ここで、一般的な危機対応コストの項目明細をみてみよう。コロナ禍のような不況が生じると、雇用調整が必要になる。業務減少や人員過剰、賃金原資不足などの原因が挙げられる。雇用調整とは、実際雇用量と最適雇用量のギャップを埋めることを指す。

雇用調整のコストはおおむね次の5種類に分類できる。

（1）解雇コスト。「実際雇用量∨最適雇用量」の際、余剰人員の解雇・リストラが必要になってくる。その際、リストラのコストが発生する。

（2）雇用不足コスト。「実際雇用量∧最適雇用量」の場合、本来ならば、ギャップを埋める分の雇用をすればいいのだが、上記のような事情があって解雇が難しい場合、将来「実際雇用量∨最適雇用量」になった場合を想定し、企業は往々にして必要な雇用を思い切ってできない。

（3）教育訓練コスト。業務技能が長期にわたる企業内教育訓練で形成される場合、これらの教育訓練コストの「減価償却」完了前（投資回収完了前）の解雇は企業に損失をもたらす。逆に、増員の際に必要な技能をもった労働者を即時に外部から調達することが難しい。

(4) 事務コスト。雇用調整の実施にあたって、増員雇用も解雇も、計画や募集、採用、配置、解雇など一連の企業内事務が発生し、これに対処するためのコストがかかる。これらの調整が頻繁に行われる場合、制度運営上、慢性的な疲弊化が生じやすい。

(5) モラルコスト。頻繁な雇用調整は、雇用基盤の不安定化を意味する。いつ解雇されるか分からないという不安が募り、従業員のモラル低下や労使関係の悪化につながりかねない。これに伴う業務効率の低下や人材の流出など、いずれもコストという形になって跳ね返ってくる。

雇用調整は、実際雇用量と最適雇用量の相互関係を調整するものである。その本質は、要するに変動する業務量に対する適正なリソースの確保であり、業務処理リソースの配置適正化ともいえる。財務的にいうと、変動費であるべき業務処理コストを、固定費にあたる雇用コストで対処するから、どこかで必ずバランスが崩れるわけだ。

よくみると、５つのコスト問題はいずれも、騎楼モデルにより解決される。やや理想化されたモデルであり、一般の事業現場においても、必ずしも通用するとはかぎらないが、理念を理解し、派生的に運用するには、よい学習素材になるはずだ。

社員はテレワークしたい、会社は管理したい

コロナ禍からもたらされた「ギフト」の1つは、テレワークだろう。禍福は糾える縄の如し。テレワークをどう捉えるかによって、企業や社員のポテンシャルが違ってくる。しかし残念ながら、テレワークはあくまでもつなぎで、コロナが終息すれば、1日も早く従来通りのオフィスワークに戻りたいと考えている人が多いようだ。

テレワークで一番大変なのは、「評価」である。上司のチェックがないまま、社員は自ら業務を遂行していくため、「過程」の評価が物理的にできなくなる。必然的に「結果」中心の評価に移行せざるを得ない。今までのような、「頑張ったのだから、結果が悪くても、努力だけを認めましょう」という評価スタイルは通用しない。

だったら、この際、真の成果主義評価に移行しようではないか。そうしたプラス思考で臨めば、評価・賃金制度の改革も同期連動的に行うことができ、変革を起こす絶好のチャンスとして捉えられよう。

「これだけ頑張った」(過程)よりも、「これだけ成果をあげた」という結果提示。そこか

ら「これだけもらえる」という連動（好循環）ができた時点で、社員の利害関係と会社の利害関係のベクトルが一致する。**「結果」に対するコミットメントが必然的帰結になれば、社員の自立性と自律性が連動的に向上する。**

逆にテレワークの「結果」評価が失敗してしまうと、逆の方向に事態が悪化しかねない。ゆえに、上辺だけのテレワークでは危うく、必ず周辺制度というインフラの整備と整合性の担保が欠かせない。

しかし、テレワークの普及はどうも、違う方向に向かっているようだ。企業が関心を持っているのは、在宅勤務の社員の行動に対する管理である。さっそく各メーカーが売り出したのは、テレワークの管理ソフトであるが、それらはおおむね、従業員の在宅勤務の「可視化」をセールスポイントとしている。1日の業務遂行状況を時間軸に沿ってデータ化、各業務の開始・終了時間、業務内容、使用ソフト、作業ファイル名、打ち込み文字数などなど、詳しく正確に記録し、可視化する。たとえば、朝9時30分～10時15分はワードによるA社宛見積書の作成、10時15分～11時30分はパワーポイントによるB社向け提案プレゼンの作成……などなど。さらに前日比・過去比、他人比といった機能もついているから、管理者にとって透明度の高い「可視化」といえる。

一方、社員にとってみれば、むしろオフィスワーク時代の自己作成による日報よりも、業務状態が丸裸にされ、自宅にまで会社の監視の目が入り込んだような異物感や不快感が付きまとう。心情的な部分は別として、やがて社員側はいかに頑張っているか、いかにサボらずに業務をやっているかを見せるための行動パターンやコツが身に付くようになる。可視化ゆえの「被視感」（見られている感）の発達と進化といってよい。

努力している「ふり」を可視化する意味

時間を追っての業務量をモニタリング、作業の多寡を波形チャートで可視化する。すると、社員は業務量の少なさを示す「谷」を避け、作業を止めて考える時間がますます少なくなる。知的生産の源泉は、クリエイティブな思考にある。在宅勤務の優位性は、周りのことや人目を気にせずに、マイペースでリラックスしながらいろいろと考え、アイデアを生み出すことである。これはひとえに上司や同僚の視線の不在という「非可視性」があってこそのメリットではないか。せっかくそれが実現したのに、わざわざと「可視化」するほど馬鹿なことはない。

しかも、在社勤務と比べてよりシビアにリアルに可視化されるとなると、社員はどう考え、どう捉え、どう反応するのか、よく考えてほしい。このような問題点を、社員からはなかなか言い出せない。言ったら、「君は何で反対するのか、まさか家でサボるつもりか」と思われるのがオチだからだ。

結局のところ、管理の目的とは何かというと、評価。では、評価の対象とは何？「過程」か、それとも「結果」か、というところに辿り着く。

日本の組織は、共同体型の組織である。「ヒトと職務の結びつき」よりも「ヒトとヒトの結びつき」に価値を置く。時代の趨勢である職務型組織に近付けるよう、テレワークがむしろトリガーになり得る。そこで一番大事なことは、「可視化」すべき対象とは何かをはっきりさせることではないだろうか。

単純な業務遂行状態（過程）を可視化したところで、上司がそれを見て「Aさんがよく仕事を真面目に頑張ってるね」と判断したり、あるいはほかの社員との相対比較で評定したり、旧態依然とした評価体制が果たして有益なのだろうか。このような機械的な対比評価なら、ＡＩでもできる。評価者である上司すら要らなくなる。

テレワークの管理ソフトを貶すつもりはない。肝心なのは、その使い方。たとえば、見積書や提案プレゼンの作成に2時間をかけたAさんよりも、1時間しかかけないBさんのほうが実際に成約率が高い、という比較データがあったとしよう。それはなぜかを分析したり、生産性や効率の差の原因を可視化したりするなら、大いに有益であろう。

テレワークの普及は、日本人にとって画期的な変革である。間違っても、オフィスワークの発想や「型」をそのままテレワークに持ち込まないほうがいい。原点の「リセット」が必要だ。しかし、現実はあまり楽観できない。テレワークはなかなか、日本人や日本型組織に定着できていない。その根底には、「共同体型組織」つまり「濃密接触型組織」という本質が横たわっている。テレワークで社員個人の努力の素振りが非可視化されると、組織中での評価すら困難になる。ポスト・コロナ時代に要請される成果可視化・職務評価の「非接触型社会」（労働生産性評価型）にマッチできないのが根本的な問題である。

対価を払うべきものは「労働」ではなく「成果」

また、「空気」の問題も絡んでいる。物理的に同じ空間にいれば、空気を共有することができる。しかし、テレワークだと、物理的に同じ空間にいないため、リアルな空気を共有できない。空気の隔絶が阻害要因になる。日本人のコミュニケーションは必ずしも明確な言語によらない。場の空気を読むことが大切だ。

テレワークは、完全成果主義の別名といってもよさそうだ。過程が見えない分、結果がすべて。言い換えれば、「業務請負」「個人事業主」と読み替えられる。その段階に踏み込んでみると、在宅勤務の場所代や通信費、光熱費を会社に請求しない代わりに、オフィスのスペースや事務機器・備品その他諸々コストが不要になる分の還元を求めてもよさそうだ。ここまでくれば、いっそのこと、籍を外して社会保険分も現金給付してほしいと言いたくなる。それはそれでいいのではないだろうか。

テレワークの延長線上に「業務請負」があれば、成果の納品がすべてになる。自分の成果の価値定量化、そして他人にはできないという「代替性の低さ」「希少性」がすべてになる。「労働」は手段にすぎず、「労働成果」が最終的商品になる。どんな商品にも労働による「価値」が付与・凝縮されている。しかし、商品は実際に売れずに在庫化していれば、単なるコストにしかならない。市場メカニズムに基づく「価格」で売れた時点で、「価値」がはじめて貨幣の形態によって現出する。「Value」は、「Price」によって実現するというわけだ。**「すべてが終わった時、本当に僕たちは以前とまったく同じ世界を再現したいのだろうか」**。イタリアの作家パオロ・ジョルダーノは著書『コロナの時代の僕ら』（早川書房）のなかでこう書いている。

百年に一度の大変革。世界では、米国主導のグローバル化の終焉、あるいはリセットによるモードの切り替え、そして地球規模のサプライチェーンの大移動、産業構造の変革が進んでいる。第三次産業のエッセンシャル化（規模縮小）に伴う先進国の再工業化、ＩＴ

やＡＩの各産業分野への浸透、さらに日本では、戦後続いてきた終身雇用制度の終焉が加わり、まさに激動の時代である。

激動の時代に、過去にしがみ付こうとすれば、大怪我をする。誰もが分かることだが、いざ我が身になってみると、なかなかそう簡単にできることではない。「改革」は難しいものである。なぜだろうか。

改革の必要性は、初心にもどることにあるのだが、なぜそれが有益かというと、それがどんな形態をとるにしても共同体であるかぎり、その創設期には必ず、何か優れたところが存在したはずだからである。そのような長所があったからこそ、今日の隆盛を達成できたのだから。

しかし、歳月というものは、当初にはあった長所も、摩滅させてしまうものである。そして、摩滅していくのにまかせるままだと、最後には死に至る。

本来の姿にもどることとは、共和国の場合、自発的判断の結果か、それとも外からの圧力によるかのどちらかであることが多い。だが、共同体の活性化というこの問題を論ずるにあたって、やはり必要に目覚めた人々の苦労によって為されるほうが、外からの圧力によって無理じいの形で為されるよりも、良策と信ずる。

不安の時代は本当に異常なのか

（マキアヴェッリ『政略論』）

日本の改革は、本当の改革（Reform）が少なくて（稀有というよりもないに等しい）、どちらかというと「改善（Improvement）」と「革命（Revolution）」の両極端しかないように思える。敗戦を境に外圧の下で、革命的に国全体が変わってしまった。マキアヴェッリが言うところの「無理じいの形で為された」ものだった。その後、戦後の経済急成長があったわけで、いかにもこの「革命」からもたらされた恩恵であるかのような印象を与えてしまうが、果たしてそうなのか。

戦後75年も経過したが、この75年の本質的な総括や検証はいまだになされていない。そんななかで、行き詰ったところから次の「改革」を始めようとしている。たとえば「初心にもどる」といっても、その初心を時間軸のどこに設定するかも不明である。明治維新にするか、終戦（敗戦）にするか、あるいは2つの初心にもどってみるのも悪くないが、そんな雰囲気は全然ないのである。

日本を近代国家の座に押し上げたパワーとメカニズムとは一体何なのか？

創設期に持ちあわせた優位性や長所とは何か？
さらに、歳月によって摩滅させられたものとは何か？
マキアヴェッリの言葉から導かれたこの3つの問いに、今の日本人が即答できるのだろうか。これらの検証は全く行われていない。いや、忌避されてきたのだ。こんなもやもやとしたなかで改革をやろうとするから、手当たり次第、姑息的な対症療法しか思いつかないのであろう。

明確な事実がある。戦後の高度成長期にあった「確実性」は今日、「不確実性」に変わった。確実性のもとで善とされてきた「安心の時代」から「不安の時代」になった。ことに終身雇用制度の終焉とコロナ禍という2つの要素が合わさると、「不安」は最大値に達した。そもそも「安心の時代」が正常で、「不安の時代」が異常だとする思考モデル自体に問題はないだろうか。逆転した視点に立ってみると、景色が一変する。

人間というものは、現にもっているものに加え、さらに新たに得られるという保証がないと、現にもっているものすら、保有しているという気分になれないものである。

（マキアヴェッリ『政略論』）

「将来が不安だ」というのはよくある心理状態である。人間は当面の生計を立てられるようになると、将来への保証（現状の延長、またはさらなる改善）を求めたくなる。戦後の日本は高度経済成長にも助けられ、誰もが頑張りさえすれば、将来が保証されていた。するると意気軒昂たる国民が世界を驚かせ、「ジャパン・アズ・ナンバーワン」も成就されたわけだ。

しかし、世界情勢も日本社会も大きく変わった。将来にわたって新たに得られるべき保証が消えた。たとえ今日ある程度の糧が確保されているとしても、将来への不安が募る。掘り下げて、その根源は「誰が保証を提供していたか」というところにある。

それは、国や社会だった。つまり自力でコントロールできない外部要素が提供してきた担保が消えたわけで、当然ながら怒りの矛先を外部に向ける。国が悪い、政治が悪い、社会が悪いとなり、「自己責任」と言われるや否や、ますます怒りを爆発させる。このままでは問題は解決しない。結果的に、自助。自分は自分に頼るしかない。外部への依存度を下げることが唯一の出口なのだ。

「自助・共助・公助」

菅義偉氏が、総理大臣の就任に際して掲げた政策理念である。これに対して一部の野党やメディアは「『まず自助』というのは政府の役割を放棄しているに等しい」と批判した。

まったく的外れな批判だ。

「自分でできることはまず、自分でやってみる。そして家族、地域で互いに助け合う。その上で、政府がセーフティーネットで守る」

というのがその真の意味だ。自助を最初に置き、公助を最後にしたのはなぜか。社会における個人の在り方の基本は「まず自分でやってみる」ことだ。自分をも助けられない人が、どうやって他人を助けるのか。自分を助けたうえでその余力を使って他人を助ける。社会は自助力をもつ人が多ければ多いほど心強い。**他人を助ける力がたくさん集結できれば、より強い共助や公助が可能になる。**

リストラからの「自助」

リストラを1つの例に取ってみる。リストラをされても、路頭に迷うことなく、困らない人は、自助力のある人だ。そのような人は多いほうがいいに決まっている。特にコロナ禍が長く続くと、雇用側はどうしてもリストラせざるを得なくなる。

2020年9月22日、マレーシア華字紙「南洋商報」で、リストラ関連の特集が組まれた。

「中高年従業員を優先リストラ対象とする」――マレーシア雇用者連合会（MEF）は、コロナ不況に伴う経営合理化について、企業の業態変換や構造改革に必要な専門技能、特にネット関連の知識や技能の有無を重要な判断基準とし、定年に近い中高年従業員の「優先リストラ」を呼び掛けた。同会のサムソディン事務局長が、ニュースサイト「フリー・マレーシア・トゥデイ」の取材に答え、こう説明する。

「やむを得ずリストラを行う場合、雇用者は、従業員の個人能力や技能、専門資格、経験といった所定基準に照らしてリストラ対象を選定する。すると定年に近い中高年従業員はどうしても優先リストラ対象になりやすい。それはそうするべきであって、先の長い若年層従業員に機会を保証しなければならないからだ。

だから、リストラ対象になる中高年従業員は技能のアップデート、特にデジタルスキルの向上に努めなければならない」

コロナ禍で航空会社はリストラに踏み切らざるを得ない。職を失ったマレーシア人客室乗務員（CA）ディディさん、ナビルさんとシディさんの3人が苦難を乗り越えて、「Dhapor Pramugari」というレストランを開業した。とても感動的な話だ。当時のムヒディン首相は演説のなかでこの3人の名前を読み上げ、讃えた。レストランのSNSの書き込みに、次のようなコメントがあった――。

「傘は完全に雨を遮ることができません。でも、傘があれば、我々は雨のなかで真っすぐ立てます。それが自信です。自信は我々を勝たせてくれませんが、生き延びるための力を与えてくれます」

「生き延びるための力」。それはつまり、自助力ではないだろうか。

さらに、2020年9月24日付の南洋商報がリストラ特集の続編として、客室乗務員だったナズナーズランさんが夫と二人三脚で洗車・自動車メンテナンス店を開業した事例や、機長からフード配送員に転身したハイルアズさんの事例など、コロナ下の失業と戦う人々の話を写真付きで紹介した。

生きる力、ただただ、その一言。リストラをした会社が悪いとか、雇用し続けた会社がよいとか、そうした善悪の次元を超えれば、人間の生きる力という美学――いや実学でもある――が見えてくる。人間は生来、自己保存の本能を有し、その本能から「生きる力」が生まれ、厳しい環境であればあるほど「生きる力」、つまり自助力が増強していくのだ。

（イエス・キリストが、海辺で網を打っているシモン［後日の聖ペテロ］とその兄弟アンデレに出会い、こういった。）**「私についておいで、私はあなたたちを人を漁《すなど》る者にする」。シモンとアンデレはその場で網を捨てて、イエスに従ってついていった。**

（ルカによる福音書5章10〜11節）

「人を漁る者」とは、何であろう。まずはシモンとアンデレを漁ることに成功したイエスは、ある意味で、宗教を産業と見た場合のビジネスモデルを示唆したことになる。

自分で問いを立て、自分で答えを選べる人間に

私が経営者研修講座でいつも言っていることは、「もっとも成功した企業の経営モデルといえば、宗教と教会だ」。信者を顧客としてみても、従業員としてみても、成功モデルである。つまり「人を漁る者」になることだ。

老子の格言にいわく、「授人以魚不如授人以漁」。人に授けるに魚を以ってするは、人に授けるに漁を以ってするに如かず。「人に魚を与えれば1日で食べてしまうが、人に釣りを教えれば一生食べていける」という意味である。

大変革の時代、明日が見えない時代だからこそ、国民に魚を与えるよりも、漁を教えることのほうがはるかに大切で、真のリーダーの責任ではないだろうか。経営者も然り。社員にサバイバル力、生命力を与える。これは経営者の責任であり、最大かつ最上の親心だ。

たとえ会社がいつか潰れても、社員の人生まで潰れたら困る。経営者は社員を守るというが、社員に自助力を身につけさせるのが最善の守り方ではないだろうか。

「自助力を育て、強い体質を身に付けよう」。私がトヨタ自動車の「生き方改革勉強会」でこう話したら、参加者のAさんから事後、質問がやってきた。

「『強い体質』という概念を、何を基軸にして考えればいいのか。今後の生き方を考える上で必要な材料とは何なのか。経済面なら、財務体質？　財務知識？　貯蓄？　売り場不要な商品開発？　など。いずれ自分にも訪れる定年後の生き方など、普遍的なものよりも、具体的に何かを知りたい」

私からこう答えた。

「まず、『原理原則』レベルで考えるのか、『戦術』あるいは『技術・技能』レベルで考えるのか、という大前提がある。質問後半の例示や『普遍的なものよりも具体的に何か』と言うところをみると、おそらく『技術・技能』を指しているのではないかと推測する。

結論からいうと、Aさんがどういう方か分からないので、最適解を出せない。さらにいうと、この手のノウハウ本は書店でたくさん売っているし、ネット上でもたくさんの情報がヒットする。

逆に反問しよう。財務知識さえあれば、お金が貯まるのか？　貯蓄さえすれば、餓死しないのか？　売り場不要な商品開発さえすれば、それが売れるのか？　むしろ『Know-How』よりも『Know-Why』がはるかに重要ではないか。

日本社会の場合、数多くの定型的な選択肢が与えられている。しかし日本人は、選択肢（前提）を検証したり、自ら選択肢を作り出したりすることがどうも得意ではない。これからの時代は、自分のための非定型的な『選択肢づくり』『前提づくり』、あるいは『仮説づくり』が必要になってくる。

『いずれ自分にも訪れる定年後の生き方』という言い方も、1つの仮説、1つの前提である。だが、将来、この仮説は果たして成立するのだろうか。これから『定年という概念が消える』、あるいは『現役死』というアンチテーゼが成立し、現実になった場合、『定年後の生き方』をどんなに周到に設計したとしても、すべてが無駄になる。ゆえに、テーゼやアンチテーゼ、複数の仮説を立てる必要が生じる」

私の答えは、Aさんが求めていた具体的な回答になっていない。「生き方改革勉強会」では、何らの正解も示されない。無数の正解があるからだ。「生き方改革勉強会」は、正解の探し方を勉強する会である。

第三次産業は過渡的な「幻」産業だった

自助力をもち、変革期の波をつかんだ人たちは勝者になり、乗り遅れ組が敗者に転落する。日本社会は二極化する。二極化とは、中流階級の溶解を意味する。収入別の人口構成が、従来の中間層の厚いラグビーボール型から底辺肥大化したピラミッド型へ移行することだ。中流階級とは、社会学で上流階級と労働者階級（下層ないし底辺）の間の幅広い社会階層を含む階級を指している。1億総中流という実態が消えつつも均質意識は健在する日本社会では、いささか信じられない大変換である。

私はこの二極化現象を「中流階級の溶解」と呼んでいる。「溶解」とは固体の液状化であり、その液体は次第に再度固化し、下方が労働者階級ないし底辺の貧困層となる。今はまさに溶解段階にあり、さらにコロナ禍で加温され溶解を加速させている。次の固化確定状態がいつ来るのかはっきり見えないだけに、言霊扱いで日本人はこれをタブー視していないだろうか。

中流階級の成立は経済成長、ことに第三次産業の拡大成熟化に依存している。第三次産業の成熟により、高度のＡＩ社会をモデルとする第四次産業へと社会が進むわけだが、その第四次産業の中身をよくみると、第三次産業の溶解を促すものでもある。

この様相を浮き彫りにしたのが、コロナ禍だ。多くの日本人が無自覚にテレワークに抗うのも、見たくない現状にモザイクをかけ、「見えない化」しようとするからだ。ITの進化やAIに対する態度も然り。従来の固体状態、つまり「昨日」に戻ろうとするのは、流動化する「今日」に目を覆い、溶解後に再固化する明日の到来を拒絶するものだ。

第三次産業は、中流階級を大量に生み出した特定の歴史段階にある「幻産業」である。第一次産業や第二次産業に比べて「虚業度」がはるかに高いし、高付加価値とはいえ、第四次産業の更なる高付加価値によって否定され、取って代わられる。いうならば、第三次産業それ自体の溶解と最小化である。

時代のキーワードは、溶解であり、溶解を裏付けるのは、流動性である。流動先はどこかというと、ほんの一握りが第四次産業の追い風で富裕層入りするが、ほかは第二次産業ないし第一次産業に逆流し、労働者階級を形成する。正誤もなければ、善悪もない。時代の流れである。

2020年秋、元経済財政担当相の竹中平蔵氏が提唱した「月7万円」ベーシックインカム論が炎上した。産業構造の調整を前提としてベーシックインカム制度を考えると、一定の意義があるように思える。

たとえばAさんがB社で働いて、23万円の月給をもらう。そこに7万円のベーシックインカムを乗せると、月30万の収入になる。そこから一部貯金する。数年後、Aさんがリストラで失業したとしよう。毎月固定収入のベーシックインカムである7万円、プラス貯金の取り崩しでしばらくしのぎながら、再就職または起業する、というシナリオだ。7万円を不労所得として普通に暮らすのではなく、自分の不足分（上積み）を稼ぎだすという意味で、失業した際にはその7万円が一時しのぎ的な役割を果たす。

そもそも「失業」という形態は、「雇用」を前提にしている。私は、最終的には雇用そのものが薄れ、行きつくところは「個人事業主」的な形態がメインになると考えている。いってみれば、雇用とは関係なく「仕事があるかないか」の問題であり、ベーシックインカムは「仕事がない」期間の生活補てんとしての位置付けだ。失業手当よりも社会保障機能の単一化、行政の削減につながるはずである。

大幅に萎縮する第三次産業から流出する大量の労働力には、他産業がその受け皿となる。そうしたなかでのベーシックインカム制度は、生活の基本的保障であり、7万円のベーシックインカムで、不労生活をおくれということでは決してない。理解が進んでいない部分があり、くれぐれも誤解なきよう国が説明責任を果たすべきであろう。

羊たちは夢を見ながら草を食む

多くの日本人は、「苦」の時代を迎えなければならない。昨日より今日が苦しくなり、今日よりは明日がさらに苦しくなるかもしれない。そしてその『苦』を誰かのせいにしなければならない。

人間は習慣的に自分の苦痛の原因を、その「誰か」という敵、あるいは仮想敵から探し出そうとする。その敵が加害者であり悪となる一方、自分は被害者として善となる。せいぜい道徳上の優位性を手に入れたいからだ。

政治家（屋）は、有権者の苦しみの原因をあぶり出すべく、単純な仮想敵（ほとんど政敵）を次から次へと打ち立て、これらを罵倒する。その罵倒は、下層の労働者階級向けであればあるほど、ストレートな表現がよく、効果絶大だ。複雑なロジックや上品な修辞は要らない。むしろ邪魔だ。

民主主義もふたを開ければ、数の勝負。マジョリティのルサンチマン（恨み、ねたみ）が基盤になったとき、下層や底辺の苦痛に仮想敵を作り、それを罵る手法がうまく機能する。そういう時代である。原理と手法を習得すれば、政治は意外と難しくない。

私（たち）の苦痛は誰のせいだ？　宗教が「それはあなた自身」と教え、政治は「それは他人」へと誘導する。そして羊の群れはいつまでも家畜のまま、狼という悪の存在を信じ、悪の地獄行きを信じ、善である自分たちのバラ色の将来や来世を信じ、今日も明日もそして明後日もわずかな牧草を奪い合い続ける。

「みんな一緒」――現代の日本社会はその均質性から、いわゆる下層民や異端者の存在を容認しない。しかし高度経済成長の時代を終えてみると、日本は世界のどこの国にも見られる階層の分断現象が顕在化した。不寛容な社会はこれを排除しようとする。日本社会は、「階級」や「階層」たるものを善としないからだ。そうすると、実質的にその階層や集団に属する人たちは居心地が悪くなる。「生きづらい」感が生まれるわけだ。

世界中のほとんどの大都市にはスラムがある。だが、日本には少なくとも公認されるようなスラム街は存在しない。退廃地区やら貧民窟やらどうもその辺はネガティブなニュアンス満点だが、少し目線を置き換えてみると、何も物理的な地域でなくとも、異なる意味においての**非均質性が容認される社会的空間が必要ではないか**と私は思う。終身雇用時代の終焉やＡＩ時代の到来とともに、日本社会の均質性は必ず崩壊していく。経済的非均質性だけでなく、価値観や人生観、世界観における非均質性が広がれば、むしろ社会は真の多様化という意味で健全な方向に向かうだろう。

ノブレス・オブリージュを日本に根付かせる

ずいぶん前にイギリス人の友人に教わったことがある。

「格差をなくして下層を救済するのではなく、格差をもって下層を救済するのである」

欧米社会では、「ノブレス・オブリージュ」という概念が存在する。直訳すると「高貴さは（義務を）強制する」を意味し、一般的に財産、権力、社会的地位の保持には義務が伴うことを指す。みんな同じという「古きよき時代」が終焉すると、ノブレス・オブリージュがより求められる。富裕層が喜んで道義上の責任を果たし、富を自発的に社会へ還元・還流させるような仕組みをうまく作り上げることが大切だ。

これには、上層階級はルサンチマンの攻撃対象ではなく、下層の救済に取り組み、尊敬されるべき存在として認知されるのが前提だという。さらにいってしまえば、上下関係や階層・階級の存在が救済の大前提となる。日本社会では、国民間の上下関係や階級といったただけでたたかれるため、議論にすらなり得ない。

もちろん欧米でもルサンチマンはあるが、この問題をある程度緩和、解決してくれるのが宗教である。彼岸（死後）の天国や地獄にあたるものが現世の利益関係を調整してくれるからだ。しかし日本人には宗教を持たない人が多く、問題がただちに此岸（現世）に現れるのである。

弱者救助と敗者復活は、密接な関係をもつ2つの概念である。

清貧や弱者が善とされた時点で、富の所有が相対悪と位置付けられる。日本の富裕層ほど「日陰者」はいない。少々派手に金を使うだけで嫌味を言われ、批判され、ときには指弾される。贅沢に金を使うことはそんな悪いことなのだろうか。経済に貢献する立派な消費行為ではなかろうか。

では、どうすればそれができるのかというと、残念ながら、現時点では即効性のある処方箋が見当たらない。社会よりも企業といった小規模の共同体のなかにかぎっていえば、「ノブレス・オブリージュ」に近い形態を作り上げることは可能だ。私自身も経営コンサルティングの仕事を通して、いくつもの企業のなかで実験的に取り組んできた。なかには成功事例も多数ある。ただ、これらの個別事案を単純に社会全体に拡大複製できるかというと、断言する自信はない。

ただし、この種の義務は法律上のものではなく、道徳上のものである。つまり法的拘束力がないわけだ。そもそも、法的拘束力に依存した時点で、「高貴さ」が弱化し、消滅する。富の再配分はどんな社会にも必要だ。租税という法定義務はツールとして一定の効用を有しているが、法的拘束力がもたれる以上、受動的義務に成り下がったことは否めない。富の再配分は富裕層階級の能動的義務として寄付や援助などの形になれば、主体性が一気に増強する。それに付随する高貴さも体現される。

とはいっても、法的強制力がないゆえに、「ノブレス・オブリージュ」を履行しない者も出てくるだろう。そこで、制裁措置が必要になってくる。貧困層救済のできない富裕層は、それのできる富裕層に軽蔑され、同じ富裕層から村八分にされる。要するに「高貴さ」を失ったことによって、所属階級から駆逐されるということだ。

日本人は世界的に見ても大変心優しい民族だ。もし、日本にもこのような社会システムが導入され、定着すれば、根拠のない推測だが、私は多くの善良な富裕階級構成員が貧困層救済に取り組んでくれるだろうと見ている。その前提はやはり大衆や貧困層民が富裕層階級に対して「階級闘争」的な姿勢を放棄することだ。ただこれは今の日本社会を見るかぎり、不可能とも思える。「みんなが一緒」だから。

富裕層やエリート層は階級闘争を嫌って、日本から逃げ出す。彼らの富と知恵と一緒にだ。有能な外国人も日本にやってこない。**日本は平等社会のまま維持されるが、等しく貧しい社会、途上国に転落していく。**途上国といっても、物が貧しくても心豊かな途上国がアジアやアフリカにあるのだが、日本の場合はこのままいくと、おそらく物心ともに貧しい途上国になるだろう。ルサンチマンや階級闘争意識からは、決して富が生まれない。

社会の形成は人間の意思の結果である

日本社会の二極化には2つの「先天的要因」が伴っている。1つは宗教の不在。もう1つは、家族・地域共同体の崩壊。しかし、これは何も日本だけの話ではない。2020年米大統領選の際にも、米国の重大な社会問題として、保守側が繰り返し指摘していた。家族の話になると、日本社会の基本構成単位（ユニット）の変化に触れずにいられない。終身雇用制度の崩壊とともに、会社組織から個人へと、社会の基本構成単位が変わっていく。その裏にどのようなメカニズムが隠されているのだろうか。

ドイツの社会学者フェルディナンド・テンニースは社会集団を、「ゲマインシャフト」と「ゲゼルシャフト」の2種類に分けて考察する。

「ゲマインシャフト（gemeinschaft）」は血縁や地縁などにより自然発生した社会集団。

「ゲゼルシャフト（gesellschaft）」は利益を図るうえで、共通の目的のために成員の自由意思に基づいて形成された社会集団（会社など）。

テンニースによれば、社会というのは人間意志によって成立する。その人間意志は、目的と手段によって、「本質意志」と「選択意志」に分けられる。
「本質意志」とは、行為者の本質の無意識的な表現であり、行為自体の目的化を意味する。ゲマインシャフトは、その共同体の存続自体が目的化しているがゆえに、「本質意志」の部類に入る。「本能的な結合」といってもよかろう。これに対して、「選択意志」とは、利得を追求するための手段によって意識的に行われる選択を意味し、利害得失を考量する打算、意識性などとして個人に現れ、社会的には立法や協約（契約）、世論、慣習などとして実現される。ゲゼルシャフトがこれに該当する。

ゲゼルシャフトは利害関係に基づき、人工的に形成されたものであり、そのなかの人々（成員）は互いに利害の打算に基づいて合理的に行為し、ギブアンドテイクの取引が粛々と行われている。人々は表面的に礼儀正しくても、親密に付き合っても、互いに常に一種の緊張状態に置かれ、「表面的な結合」にもかかわらず、本質的には分離している。

テンニースは、ゲマインシャフトの時代の次にゲゼルシャフトの時代が続くとして、現代をゲゼルシャフト優位の時代と考えた。この学説は日本社会にも当てはまり、戦後の日本はまさにゲゼルシャフト優位の時代であり、その中心的な存在はいうまでもなく、「会社」という共同体なのである。

テンニースは、現代社会におけるゲゼルシャフトの優位性を認めながらも、あくまでもそれが選択意志であるかぎり、表面の優位性にすぎず、ゲマインシャフトが人間の本質意志に基づくだけに、なお社会の本質的な基礎をなしているのだと考えた。これに照らしてみると、戦後の日本はやや異なる、しかもいびつな形態になっていたように思える。「日本社会は近代化とともに家族制度が崩壊し、個人主義的風潮が強まり、核家族化が進んだ」と決まり文句のように言われるが果たしてそうなのか。

日本人の「個人主義」は、欧米型の自立・自律・自己責任の個人主義（「三自個人主義」と呼ぼう）ではなく、個人主義とは似て非なる利己主義にすぎない。個人主義の元祖とされる欧米社会に目を向けると、決して日本のような家族制度の崩壊があったわけではない。むしろ個人の「三自個人主義」をベースに、べったり形ではない（ドライな）家族関係が成り立っているように見える。これに対して、戦後の日本社会は家族制度が崩壊したものの、真の「三自個人主義」が確立されないまま、会社を中心とするゲゼルシャフトの時代に突入した。

とはいえ、日本人からゲマインシャフトの社会集団性が消えたわけではない。戦後の高度経済成長と都市化により、戦前の村社会に見られた血縁と地縁の空間的一致性が崩れたものの、日本人のなかに植え付けられた「村社会」のＤＮＡがついに、都市部で蘇生を求め始める。その受け皿となるのは新たにできた「会社」、つまり都市部に生まれ変わった「仮想村」あるいは「疑似村」で、「ゲマインシャフトが持ち込まれたゲゼルシャフト」である。

欧米のゲゼルシャフトは、純粋に利益を求める「利」の集団であるが、日本では「情」と「利」がごちゃまぜになっている。モノを作れば売れる時代は、共同体成員の一致団結をベースとした生産性を必要としていたため、「情」と「利」のベクトルが見事に一致していた。ゲマインシャフト的なゲゼルシャフトは時代の要請に応え、戦後の高度経済成長に構造的な支えを提供した。

しかし、時代が大きく変わった。会社組織というゲゼルシャフトはこれ以上、ゲマインシャフトとの共存を容認する余地がなくなった。ゲマインシャフトが排除された後の会社は、欧米のそれに近い存在にならざるを得ない。一方、ゲマインシャフト自体は新たな行き先を求めてさまよっている。それがどこに向かうか。これを契機に、完全に日本の伝統的な家族制度の復活まで行かなくとも、日本人の家族観の再建の礎になってほしい。何らかの形で本来あるべき姿であるゲマインシャフトへの回帰が実現できれば、望外の喜びではないだろうか。

共同体の再建のために

現代社会では、仕事や社交活動で人は家を離れ、外での滞在時間が長くなった。特に日本社会では、会社が「家」に取って代わり、共同体の基本単位になったため、家族の絆が相対的に薄弱化した。

しかしコロナ禍に起因した「隔離」は、その逆方向に作動した。「家」が再び共同体の基本単位という地位を取り戻せるのか。期待したいところだ。

共同体の再建に日本の運命がかかっている。「みんな一緒」という「古きよき時代」が終焉すると、ノブレス・オブリージュがより求められる。**格差が広がったところで、弱者救済をなくして社会の秩序が成り立たない。**そこで肝心なことだが、救済行為が義務か権利かの位置付けを明確にしなければならない。実務的には救済行為に対するインセンティブスキームをどのように設計するか、難題が山積だ。富裕層や強者が喜んで道義上の責任を果たし、富を自発的に社会へ還元・還流させるような仕組みをうまく作り上げることが大切である。これは日本社会を横断する全国民規模の意識改革であるだけに、一朝一夕にできることではない。

掛け声だけでは結実しない。実効性を考えるうえで、マクロ的なムーブメントよりも、まずはミクロ的なピンポイントの取り組みに着手したほうが確実だろう。一企業や一家族でもいい。まず何かをやろうと。その「何か」とは、強さである。具体的にいうと、タフな時代を生き抜くための強い自助力、つまりサバイバル力を作り上げることだ。

今の日本は、世界的にみても、大変素晴らしい国である。私が住んでいるアジアの人々はみんな日本が大好きだ。日本の「善」と「美」に尊敬や羨望の眼差しを向けている。たまに日本のことを少々軽蔑しているときもある。前述したように、日本のコロナ対策で台湾人から批判の声が上がっていたというのもその好例だ。何を批判しているかというと、日本の弱さである。私が作った言葉だが、**日本は「弱善」「弱美」国家である。**

ゆえに、強くなることが必要だ。国家を強くするために、まず強い個人、強い家族、そして強い企業を作ろう。

第6章

危機を目の前に手も足も出ない理由

「頑張る」の外国語訳は存在しない

「頑張ってください」

「頑張ります」

日本語学習者が一番最初に覚える日本語として、「頑張る」という単語が抜け落ちることはないだろう。日本人がもっとも頻繁に使うこの言葉には、適切な英訳はない。「Do my best」「Try your best」などは必ずしも、日本語のニュアンスをうまく訳出しているわけではない。

私は20代から、欧州系企業（メディア・情報サービス業）で働いていた。東京の日本法人でしばらく経験を積んでから、1994年に上海駐在に出向させられる。上海に赴任、出勤した初日に、上司のダニエル（仮名）からビジネス・ランチに呼び出された。ダニエルは、50代後半の紳士的な華僑系シンガポール人。中国語はあまり得意ではなく、シンガポール訛りの強い英語、しかも早口で喋る。

「タチバナサン、君は営業出身じゃなかったね。中国地区統括マネージャーの推薦で採用したけれど、パフォーマンスを期待してるよ。言っておくが、私のビジネスのやり方ね、ずばり、ショー・ミー・ザ・マネー。分かる？　売上、利益を上げろってこと、売上と利益がすべて。俺も俺の上司から同じことを言われてる。ノーマネー・ノージョブ、俺は相当ドライだからな。

それから、君が担当する日系市場、ジャパニーズ・マーケット・イズ・ベリー・ベリー・タフ、難しいよ。その辺覚悟しておいた方がいい。仕事のやり方は任せる。ただ、違法なことをしちゃダメよ。そうだ、あとは何事も、ノーエクスキューズ、言い訳なし。いいね、分かったな」

私は決意表明のつもりで、「アイ・トライ・マイ・ベスト」と答えると、ダニエルは激しく頭を横に振る。「ノーノーノー。ノット・トライ、ジャスト・ショー・ミー・ザ・マネー」。

頑張るなど無意味。とにかく、売上と利益を上げろということだ。

自由気ままな上海駐在生活を楽しみ始めた矢先に、悪い知らせが来た。試用期間の人事査定で、私は不合格だった。中国赴任後の当初3カ月は、私の駐在員試用期間だったのだ。会社は任意に私を解雇することができる。

意気消沈して人事査定結果に目を落とすと、不合格としながらも、試用期間を3カ月延長するという解雇猶予の「温情処置」がなされていた。

3カ月間、私は1本も新規契約を取れなかった。着任早々、仕事も生活も慣らし運転状態で、すぐに契約を取れなど無茶な話ではないか。北京に着任した同期の池山（仮名）も同じ、契約が取れていない。彼女は試用期間を無事クリアしたのに、なぜ私だけが不合格なのか。あまりにも不公平ではないか。

ダニエルに呼ばれる。「タチバナサン、あなたの人事査定結果を出したのは、この俺だ。池山は池山の上司の判断で、私と関係ない。あなたの上司は俺だから、不満があれば、俺が聞くよ。

君のパフォーマンスは、全然ダメだ。君が着任した日に説明しただろう、ショー・ミー・ザ・マネー。売上を上げてくれなければ、君の高い給料を誰が払うのか？　あと3カ月だけチャンスを与える。それもダメだったら、東京に送り返すよ。ノーエクスキューズ、言い訳なし」

地獄の3カ月だった。しかし、人間は崖っぷちに追いやられると、勇気や知恵が湧くものだ。3カ月後、求められた以上の業績を達成し、地獄を切り抜けた私は、満面の笑みを浮かべるダニエルと対面する。

「グッドジョブ！　タチバナサン、疲れただろうから、一息入れたらどうだ。さあ、休暇でも取ってどこか行って来い」。

私はその言葉に甘えて、ニュージーランド行きの飛行機に乗り込んだ。

休暇から戻ってきたところ、またもや嵐のような仕事が待っていた。そのようにして4年が経ち、私が担当する市場（仮にA市場と呼ぶ）の営業新規開拓はついに、95％というダントツの市場占有率を勝ち取る。ここまでくれば、余裕も出てきた。少しペースを落としてゆっくりしようと思った矢先に、アジア総括本部長に昇格し香港へ転勤した元上司のダニエルから誘いがかかる。

「タチバナサン、どうだ。香港に来ないか。東アジア日本企業担当マネージャーのポストを用意してやる」。「うーん、もう少し中国でやってみたいと思っていますが」と私が難色を示すと、ダニエルは「いやいや、君はもう十分よくやった。95％、中国のA市場シェアはこれで天井打ち、伸びる余地がない。君は駐在員で給料が高いし、これ以上いてもらう意味がないし、予算もない。だから香港に来い」。交渉の余地がまったくない。

香港で私を待っていたのは、昇格という天国が半分、残りの半分は地獄だった。1997年後半に始まったアジア通貨危機はじわじわと香港やアジア各国に拡散し、タイムラグがあって1998年に入ると、会社の業績にも大きな悪影響を及ぼし始めた。解約の嵐に包まれ、売上を急激に落とす営業部門は、容赦なくリストラに遭遇した。香港と中国本土の日本人駐在員3人体制が思い切って1人体制に切り替えられ、私はこうして香港に呼ばれたのだった……。

外資系企業の給料はなぜ高くできるのか？

欧米の外資系企業はとにかく、ドライだ。給料は高いが、社員が役に立たなくなったり、使命を終えたりすると、すぐに切られる。高い給料は一体何を意味するかというと、「ハイリスク・ハイリターン」なのである。会社が順調に伸び、かつ社員も見事に会社に貢献しそれが評価された場合は大きなリターンを手にするが、そうでない場合はリターンどころか、リストラされるのがオチ、である。

逆に**会社の立場からすれば、社員が高給取りでも必要なときに削減できれば、何の問題もない**。売上高や利益ないし人件費予算に供される原資に応じて雇用や賃金を柔軟に調整できるから、経営の機動性が非常に高いのである。本質的には、社員の賃金は会社にとって固定費ではなく、一種の変動費、あるいは準変動費であるからだ。

私自身も20代後半にして１０００万円を超える年俸をもらい、さらに現地での住宅費も所得税も社会保険料もすべて会社が負担してくれた。

毎年のように家族と豪華なヨーロッパ旅行やリゾートを楽しんでいた。しかし、周りからの羨望の眼差しを感じながら、実は人の見えないところで、地獄に落ちるまで追い込まれていたのだった。実績や成果を出さないかぎり、いかなる好待遇も一瞬にして取り上げられてしまう。理由を問われない。本人がどんなに頑張っても、その努力は上司や会社にとって無意味であり、無価値ですらある。無論、いかなる弁解も通用しない、まさに「ノーエクスキューズ」の世界だ。

「ショー・ミー・ザ・マネー」。外国人上司からの目標提示はこの一言だけ。売上と利益にしか価値が置かれないのである。日本式の「頑張る」という言葉はもはや辞書に存在しないかのようだ。努力は美徳とされないが、コンプライアンス、順法行為だけは求められていた。法を守りながら、会社のために利益を出し続けていく。努力は個人ベースの問題で、会社として関与しないし、評価対象ともしない。それどころか、残業を含めてコストのかかる個人努力は決して善とされない。

私の給料は高かった。一時期、営業担当の上司の給料を超えた時期もあった。上司は嫌な顔1つしない。仕事後、一緒に食事へ行ったら、「立花君、勘定を払ってくれよ。君の給料は俺より高いんだから」と伝票を握らされたりもした。給料がどんなに高くても、変動費だから、会社は躊躇なく払うのである。利益を上げる稼ぎ頭を逃がさないためにも高給で縛りつける。

その代わりに利益を出せなくなったら、容赦なく切り捨てる。これは日本的な経営観や価値観、あるいは美学に照らせば決して善と位置付けられないものの、グローバル的にはむしろ一般的ではないだろうか。**働かせておきながらも、給料をまともに払わない日本のブラック企業よりははるかにマシだ。**

日本企業も人件費の変動費化を望んでいる

中国企業は基本的に欧米企業によく似ている。たとえば、人事制度では下位評価を得た社員の5～10％が定期的に淘汰され（ボトム淘汰制）、さらに「45～50歳役職定年」も存在している。

私は多くの中国企業の経営者と対話してきた。人件費を基本的に変動費だと認識している経営者がほとんどである。たとえ固定費だとしても、その固定費をいかに変動費化するかという課題を彼らは常に懸命に考え、行動を起こしているのである。

中国企業の経営者からよく頼まれることは、日本人技術者の紹介、いわゆる引き抜きである。ヘッドハンティングの仕事はやっていないと断ると、今度はヘッドハンターを紹介してくれと言ってくる。

人材にはかなりいい条件を出している。おおむね日本企業の数倍の給料が相場である。彼らは、日本企業で固定費扱いされる賃金の相場観をもっていない。数年間という期間に人材のアウトプット（成果物提示）に相応する人件費、つまり変動費的な計算に終始しているのである。

これは日本企業がどうしても価値観的に認められない部分である。と言いたいところだが、事実はどうであろうか。

日本企業の正社員と契約社員の格差が問題にされることが多い。いわゆる非正規雇用の問題だ。非正規雇用とは、有期労働契約に分類され、契約社員（期間社員）やパートタイマー、アルバイトなどの雇用形態を指している。少子高齢化、人口減時代に突入した日本では、企業にとって雇用の確保は容易ではなく、一部人手不足感が強まっている。この文脈で考えると、雇用の保障がより強い正社員雇用の比率がどんどん上昇するはずだが、実際はそうなっていない。ポスト・コロナ時代では、その現象がより顕著になるだろう。

高水準の非正規雇用は何を意味するか。財務的に考えると分かりやすい。正社員の人件費が固定費であるのに対して、非正規雇用社員の人件費は変動費、あるいは準変動費である。非正規雇用の社員は経営状況によって解雇・雇い止めできるからだ。

実は日本企業にも、「人件費の変動費化」という高い潜在的需要があるのだ。なるべく雇用や賃金の流動性を求めたい。これが非正規雇用比率の高止まり現象につながっている。

天引き天国、ニッポン

財務的だけでなく、「ゲマインシャフト」と「ゲゼルシャフト」の概念を用いて、組織的にも説明できる。

外資系企業の給料はなぜ高いのかというと、決して給料そのものが高いわけではない。外資系企業は、ゲゼルシャフト型の組織であり、利益獲得を目的としている。給料は単に職務完遂と成果提示に対して支払われている。一方、日本型企業は、ゲマインシャフトの成分も折り込まれているため、その機能の維持にかかるコストを組織構成員（正社員）の全員に割り当て、負担を求める。会員制クラブのレストランで食事すると、通常の食事代以外に、年間や月間の会員費も発生するので、どうしても割高になってしまうのと同じことだ。

「ジョブ型雇用」と「メンバーシップ型雇用」と最近よくいわれるのも、このためである。メンバーシップとは、メンバーに対して一定の「特典」を与えるシステムである。たとえば、「終身雇用」という特典。終身雇用の一番よいところは、何といっても「解雇されない」という安全性と安心感である。

ここのところ、「安全」や「安心」がタダではないとよく言われるようになったが、まさにその通り、安全も安心もコストがかかっている。警備システムや保険商品はその代表例であり、いずれも費用を支払わなくてはいけない。

終身雇用制度から提供されている雇用の安定にも、実は「終身雇用保険料」にあたるようなものを社員が払っているのである。社会保険で加入している雇用保険は、どこの国にもあるもので、法令により義務付けられている強制保険である。これに対して、「終身雇用保険」は世界でいえば任意保険になるが、日本企業においては、法定の雇用保険に次ぐ「第二の強制保険」に相当する。

海外の日系企業の外国人社員でよく、「日本企業の給料は欧米系より安い」と文句を言う人がいる。「じゃあ、欧米系に行けばいいじゃないか。何で日系に入って働いているのですか」と質問を投げると、決まって「日系は安定しているし、社員のクビを切らないからです」という答えが返ってくる。「そうでしょう。解雇されないように、あなたが保険料を払わされているのですよ。給与明細には書いていませんが、給料からその保険料が天引きされているから、給料が目減りして安くなっています」と私が答えると、相手は大体驚く表情を見せる。

私が香港駐在時代に驚いたことは、サラリーマンでも自分で年度末に納税することだった。普段の月給は、何も天引きされずにもらえるのは嬉しいが、年度末は地獄になる。税務署から送られてくる「緑色の封筒」（納税通知書類一式）を開けるのが恐怖だった。まとまった大きな金額の税金を一括で払わなければならないからである。普段もらっていた給料を使い切って貯金のない人には、銀行が何と親切に「タックス・ローン」まで組んでくれる。借金して税金を払うわけだ。

日本は天引きの国である。サラリーマンは直接に税金や保険料を支払わない。給与天引きになっているから、納付や支払いの実感がない。納付項目はきちんと源泉徴収票に記載されているから、「明瞭会計」と言える。唯一その明瞭会計から抜けているのは、「終身雇用保険料」という「無形天引き」である。終身雇用制度が崩壊する暁には、額面給料が増えなければいけない。シビアに言うと、今まで払ってきた保険料も精算して一部だけでも払い戻しを求めたいくらいだ。

外資系企業の給料は決して高いわけではない。日本企業に発生する会員費にあたる「終身雇用保険料」が天引きされないから、額面では高く見えるだけ。そういう意味で、外資系企業は仕事（職務遂行・成果提示）以外の人間的な接触が薄弱といえる。この種の「非接触型」の外資系企業に普遍的に見られる雇用・賃金・評価制度は日本企業と違って、職務の効率的な完遂に立脚する成果が第一義的な評価対象とされ、「同一価値労働同一賃金」原則が生かされているわけだ。

「報われる」頑張りと「報われない」頑張り

「頑張る」という話に戻ろう。その延長線上で、「勤勉」や「努力」「平等」「格差」といった概念を取り上げてみたい。

頑張るというのは手段であって、目的ではない。では目的は？　「どうせ頑張っても報われない」。この一言から読み取れる。要するに、「報われるために頑張る」ということだ。目的は間違っていない。ただ手段の不確実性を知っておく必要がある。「頑張っても報われない」ことがとても多い。厳しい時代であればあるほど、報われ率が低下する。

「頑張る」と意思表明している従業員がいるとしよう。「どんな頑張り方？」と突っ込むと、「一生懸命頑張る」と答える。「一生懸命とはどんなふうに？」「一生懸命頑張っても結果が悪かったらどうするの？」とどんどん突っ込むと、その従業員が可哀想に顔を真っ赤にする。

ただ頑張るだけで報われない時代になりつつあるなか、大切なのは「頑張り方」だ。この章の冒頭で「頑張る」という英語はないと言ったが、私が訳すなら「Make it happen」だ。

「努力は必ず報われる」。これは、間違っている。努力しても報われない人がたくさんいることが何よりの証明だ。努力不足だったり、間違った努力だったり、運が悪かったりすれば、報われない。この世の中はむしろ、報われない方が多いくらいだ。

日本人は仏教的な「因果応報」を信じる人が多いから、「努力」と「報い（酬い）」を因果関係で結びつけるのである。しかしよく考えると、これは単に宗教的な説にすぎないことに気付く。演繹的にも帰納的にも結論付けできないからだ。

因果応報は善行を積んで神の救済にあずかることを意味する。善行を積めば必ず神の救済にあずかれるのだろうか。いいえ、違う。逆に悪行を重ねた人間は罰せられるどころか、よい結果にあずかっていることも多い。神が万能なら、こんなことはあり得ない。

戦後の日本では、高度経済成長と終身雇用制度という2つの外部要因がたまたま揃ったことで、「努力は必ず報われる」という非論理的な理論が奇跡的に成立した。そこで「努力」が賛美され、「効率の悪い努力」「見せかけの努力」「不要な努力」「コストのかかる努力」などあらゆる努力が無差別に賛美されてきた。**ついに不覚にも、「本当の努力をしなくても報われる」社会になってしまった。**

しかしようやく、本物の努力が問われる時代がやってきた。神の予定がどうであれ、神の救済がなくとも、自己救済できる人になればよい。そもそも、神の救済にあずかれる人は、自己救済のできる人ばかりではないだろうか。

スキナー箱のネズミ

変わろうとする時代を前に、多くの日本人は戸惑っている。なぜ？　「スキナー箱」の実験を思い出す。

スキナー箱は、アメリカの心理学者・行動科学者バラス・スキナーによって開発された、行動研究に用いる実験装置である。この実験は「報酬実験」とも言われ、動物はどのように報酬が与えられることによって強い動機づけが働くかを調べるのが目的である。箱のなかには押し下げるレバーと餌の出るディスペンサーがついている。スキナーは異なる条件が設定された4つの箱を用意し、ネズミをそれぞれの箱のなかに入れ、どの条件下でネズミが一番レバーを押し下げるかを調べる。

1番箱（固定間隔箱）＝レバーの押し下げに関係なく、一定の間隔で餌が出る。

2番箱（変動間隔箱）＝レバーの押し下げに関係なく、不定期の間隔で餌が出る。

3番箱（固定比率箱）＝レバーを押すと、必ず餌が出る。

4番箱（変動比率箱）＝レバーを押すと、餌が出たり出なかったりする。


さて、どの箱のネズミがいちばんレバーを押すのだろうか。

結果は何と4番箱。「4→3→2→1」の順番でレバーを押す回数が多いことが分かった。一般的に3番箱のレバーがいちばん押されるかと思いがちだが、より不確実性に富んだ報酬に興味が示されること、言い換えれば、不確実性が行動を引き起こすための強い動機付けにつながることが判明した。

これを人間の行動で考える。たとえば「スマホ症候群」。スマートフォンの長時間使用によって起こる諸症状のことである。スマホというよりも、正確にいうと、SNS（ソーシャル・ネットワーキング・サービス）の過剰使用である。

なぜSNSに大量の時間を投入するのか。

主に2つの誘因があると思う。1つは他人からどんな投稿があったかという「他者起源」の不確実性、もう1つは自分の投稿に対するどんな反響があったのかという「自己起源」の不確実性。不確実性という報酬が与えられることによって、人間（動物）がより能動的に行動を起こしている。不確実性が動物の動機づけを強化する有用な報酬なのだ。

資本主義制度の最大の特徴は、その不確実性にある。つまり、資本主義は「4番箱」なのだ。努力は報われたり報われなかったり、不確実性に満ちている。だから、いちばん努力しなければならないのである。

資本主義の導入や浸透によって人間の働く動機づけが恒常的に強化され、多くの富や価値が創出され、人類は史上最大の繁栄に恵まれた（もちろん副作用もたくさんあったが）。努力しても報酬は保障されているわけではない。だからこそ、努力する。たくさん努力する。常に努力する。効率のよい努力ができるように努力する。資本主義制度下に置かれる我々は、スキナーの「4番箱」にいるネズミのように「不確実性」と対峙しながらも、ひたすらレバーを押し続ける。

「努力は必ず報われる」は世界の非常識

一方、資本主義諸国のなかでも、戦後の日本だけは諸般の事情により特殊な立場に置かれ、比類なき「結果平等」の社会になった。つまり、日本人だけはスキナーの「3番箱」に入れられ、レバーを押すと必ず餌が出る仕組みに恵まれた。頑張りさえすれば、基本的に誰もが生活の改善（報酬）を約束されていたのである。

しかし「努力は必ず報われる」という日本の常態はむしろ、資本主義制度下の非常態であった。

私個人としては次のように感じている。資本主義という「4番箱」から疎遠にされた日本人は「3番箱」に慣れ親しみ始め、親和性が増し一体化が進む。その過程から副産物として生まれるのは「2番箱」や「1番箱」であった。レバーの押し下げに関係なく、一定の間隔で餌が出ると分かると、一部の人はレバーを押さなくなるのではなく、レバーを押すフリをしたり、あるいは不要なレバーを作り出したりする。しばらくすると、「レバーづくり」を生業とする人も現れる。

そして、時代が変わった。ついに餌の総量が足りなくなり、レバーを押しても、出てこなくなったりするようになる。つまり、日本人が置かれていた「3番箱」がいよいよ「4番箱」という元の姿に戻ろうとする。レバー押しのフリをしても、レバーづくりをしても、餌は出てこない。それどころか、レバーを懸命にたくさん押しても、餌が常に出てくる保証はどこにもない。日本人はついに、本物の資本主義である「4番箱」と向き合わなければならなくなった。

そんな**新時代の本質は、日本人が善としてきた「安心」「安全」と対置される悪たる**

「不確実性」にある。

さらに善か悪かという倫理的判断を加味すると、思考停止を招来せずにいられない。そもそも善と悪という枠組みを構築したのも西洋哲学自体なのである。

もし善と悪という二項対立の枠組みを使うとすれば、安心、安全から生まれる自己防衛力や自己救済力、つまりサバイバル力の低下や欠落は悪の部類に入る。では、悪を生む安心、安全は果たして善といえるのかというテーゼが新たに浮かび上がる。ゆえに善と悪という倫理的な二項対立からは実務的な結果は生まれない。「餌」が必要なのだ。あらゆる思考や議論は餌という報酬をめぐって行われている。

ならば、不確実性を悪としても意味がない。それどころか、資本主義の原点として「4番箱」の不確実性によって人間の働く動機づけが恒常的に強化され、多くの富や価値を創出する源泉も、まさにその不確実性にあるのではないか。我々は「レバーづくり」ではなく、「餌づくり」に全力を傾注しなければならない。

日本人にとっての終身雇用とは？

終身雇用制度はかつて日本経済の繁栄を裏付ける社会的基盤として賛美、謳歌されてきた。戦後の日本で終身雇用制度はなぜ、どのようにして生まれ、変化を遂げたのか。なぜ時代との適合性を失ったのか。そしてどのように崩壊するのか。

経済学と社会科学の2つの視座から、歴史的視野で考察してみよう。

まずは経済学的視座。終戦後の日本は高度経済成長の道を辿る。市場・需要の拡大から生産の拡大につながり、そこで労働力供給不足だけでなく、企業内ノウハウの蓄積や伝承、生産性の向上といったニーズも生じた。企業側の賃金支払能力が増加するなかで、経済学モデルからすれば、長期雇用（人材の定着）が合理的な選択となり、市場メカニズムにも適合する仕組みになる。

一方、社会科学的視座から見ると、占領軍によって敷かれた新しい社会制度は、財閥の解体が進むにつれ労使関係に本質的な変化をもたらす。資本家という概念が薄れるなか、企業の経営者は従業員代表に取って代わられた。労使の対立が解消するというよりも、労使の仲間意識と一体感が強化され、賃金待遇の格差は主要資本主義諸国のなかでも異常に小さなものとなった。そうしたなかで、企業の「社会の公器」化が進み、企業は従業員に対して生涯的コミットメントを付与する機能を持ち始めた。

戦後、偶然にも経済学と社会科学という2つのモデルが奇跡的にマッチし、ほぼ同一方向にベクトルが向いたのだ。

「明日は必ず今日よりよくなる」という戦後の日本人の常識も、こういった特殊な歴史的瞬間の産物としか言いようがない。よく考えてみると、それは単なる願望にすぎないのに、なぜ断言や確信に転じたのか、不思議で仕方ない。

「同じ川には二度と入れない」という古代ギリシャの哲学者ヘラクレイトスの言葉がある。東洋的にいえば、諸行無常。これらの哲理や法則を忘れ、日本人の「明日像」が確定されてしまった。

時代が変わった。社会も変わった。経済情勢が変わると、「明日は必ず今日よりよくなる」も成立しなくなった。市場は飽和し、日本人の高齢化も進み、企業が従業員に生涯的コミットメントを付与する能力がなくなった。経済学と社会科学の２つのモデルがともに乖離し始めたわけだ。

たとえば、某企業は市場や競争の関係で、製品が売れなくなり、いよいよ終身雇用制度の維持も難しくなったとしよう。そこでリストラが必要になる。これは経済学モデルに基づいた経営判断であり、合理性があるといえよう。

しかしいざリストラに乗り出してみると、企業は従業員や社会に批判される。最近はやりの言葉だと、「企業の社会的責任」が問われる。しかし、企業の社会的責任（ＣＳＲ）とは、企業が倫理的観点から事業活動を通じて、自主的に社会に貢献する責任のことである。何よりも、企業の存在が第一義的な前提条件となる。

企業が存在し成長することによって社会に貢献する。社会が発展し従業員個人の生活も連帯的に向上する。つまり、社会、企業と従業員個人の、三者の関係が緊密に絡んでいるわけだ。経済学モデルに照らして企業自身の存続すら危うくなれば、社会科学モデル次元の話をしても始まらない。

このように、**雇用制度を語るうえで、経済学に立脚するか、社会科学に立脚するか、あるいはその矛盾を排除しバランスの取れた両者に立脚するか、**という基本的な姿勢がまず問われるのである。

日本は資源国ではない。胡坐をかいているだけでは食べていけない。日本人には勤勉要件が課されているのだ。しかしながら、勤勉でさえあれば、将来にわたる雇用の安心という「約束手形」が保障されていたバラ色の時代は終わった。

「約束手形」は、将来の分配に供される資源が保障されていることを前提としている。この前提が崩れると、手形の現金化が難しくなり、「約束手形」の不渡り、つまり解雇リスクが高まり、日本社会で善とされる安全や安心も毀損される。ところが、世界を見渡しても、このような「約束手形」が成功を収めたのはある特定の時期の日本くらいしかない。「ジャパン・アズ・ナンバーワン」ではなく、「ジャパン・アズ・オンリーワン」なのである。

私はアジアで長く経営コンサルタントの仕事をやってきたが、こんな制度は見たことがない。現地の人に聞いても、「約束手形」によって将来が保障されるなど想像すらできないし、たとえそれがあっても絶対に信用しないというのである。しかし一方では、非常に面白いことに、現地に進出した多くの日系企業は、日本本社の人事制度をそのまま持ち込んで使っているのである。つまり日本型の正社員終身雇用制度もどきの「約束手形」を現地で実施しているということだ。

私はそうした日系企業の日本人経営トップにいつも少々意地悪な質問をする。「貴社は日本以外の海外拠点でも、終身雇用制度なのですか」。すると、十中八九は答えないか、言葉を濁すかで逃げるのである。そこでさらに掘り下げる。「海外で終身雇用をやってもいいのですか」……。さすがにこれ以上続けたら、敵視されかねないので、この辺で打ち止めにする。

東アジア終身雇用事情

現地の雇用慣習はさておき、途上国や新興国に工場をつくって操業したり、製品を販売したりするのは、安い人件費や市場のポテンシャル目当てであろう。状況が変われば、次の地域へ移動する。フロンティアを求めるのが資本主義の本質であるからだ。このような流動性を前提に、終身雇用云々を語れるはずがない。そこで日本型の正社員終身雇用制度を導入したところで、高い確率で問題になる。ときには深刻な問題が起こる。

日本型の終身雇用制度には3つの大きな特徴がある――。解雇しない（できない）こと、定期昇給（昇格）をすること、定年退職金が出ること。

アジアなどの海外、特に新興国や途上国に進出した日系企業のほとんどは、現地で解雇しないことと定期昇給することの2項目だけは忠実にやっている（欧米企業よりはるかに温情的な雇用政策を取っている）ものの、退職金を出す企業は皆無に近い。なぜなら、現地拠点は一種の時限措置としての出先にすぎず、いつその国から出るか、次はどこに移るかも分からないからだ。むしろこれは至極真っ当な経営判断ではあるが、問題は3つのうちの2つしかやっていない不完全終身雇用制度が引き起こす副作用にある。

たとえばアジアの場合、ほとんどの国では慣習的な終身雇用制度がなく、その代わりに法制度による厳格な解雇制限（シンガポールや香港などを除く）が課されている。これは日本の終身雇用と本質的な違いがある。生涯視野の「約束手形」ではなく、強制された「現金取引」に近い雇用関係なのである。

現地人従業員はこの点についてもよく理解している。彼たちはあえて日系企業に終身雇用の問題を提起しない。とりあえず目先の3分の2でも制度もどきでもいいから、日本型終身雇用の「現物（現金）特典」を享受しながらも、「約束手形」にはかけらほどにも期待していないのである。

一方で、日本人経営者だけは蚊帳の外に置かれ、「現物特典」を年々積み上げ、従業員の既得権益を肥大化させながらも、賃金支払額と生産性が乖離する年長従業員、特にそのうち一部モンスター化した従業員や管理職を目の当たりにしても、なす術がない。

海外との対比事例から、日本型の終身雇用を中核とする「約束手形」の特異性が明らかになり、日本の常識が世界の非常識であることが示された。法律上における「終身雇用」とは何を指しているのか。これを理解するために、海外の労働法令と比較してみよう。

日本「労働基準法」第14条第1項

「労働契約は、期間の定めのないものを除き、一定の事業の完了に必要な期間を定めるもののほかは、3年（次の各号のいずれかに該当する労働契約にあっては、5年）を超える期間について締結してはならない」

中国「労働契約法」第14条

「無固定期間労働契約とは、雇用単位（訳注：使用者）と労働者が終了のときの確定がない旨を約定する労働契約をいう」

ベトナム「労働法」第20条第1項a号（2019年改正法）

「無期限労働契約とは、当事者双方が契約の期間および効力を終了する期限を確定しない契約である」

日中越の労働法においていずれも、「終身雇用」という概念は使われていない。「終身雇用」は法律上の概念ではないのだ。

中国やベトナムの無固定期間や無期限労働契約は、雇用期間の長短という「量」の次元のみ明示規定されている。これに対して、日本の場合は、雇用期間の長短に関係なく、企業と従業員の「心理的終身契約」という「質」の要件が黙示されている。つまり雇用終了の出口（通常、定年退職を指す）について心理的な契約によって「約束手形」たるコミットメントがなされているのである。

高度経済成長とバブル期を経て、**今日の日本では、「約束手形」の現金化はすでに資源や財源が不足する状態になっている。**解決策としては、終身雇用制度に終止符を打つという選択肢がまず浮上する。実際に昨今の日本では、終身雇用制度は「崩壊しつつある」というより、一部の企業ではすでに「崩壊している」。就業規則上では定年60歳となっているが、業績悪化を受けて早期退職や希望退職を募るケースは年々増加の一途をたどっている。いずれも「約束手形」の財源不足に起因する不本意な措置とみていいだろう。

リストラ、あるいはリストラに近い非自発的な退職は日本社会でまだまだ、ネガティブに捉えられている向きが強い。社会全体に転職に有利なシステムも整備されていない。転職率は欧米に比べると低く、1つの企業に長期にわたって勤務し続けるという働き方を好む人が大多数である。このように、現時点では終身雇用制度の完全崩壊について、日本人は心の準備ができていないといってもいいだろう。

「働き方改革」はうまくいくわけがなかった

これからは日本にも大きなリストラや雇用調整、産業革命の波がやってくる。そこで「空気」がどのように変わるかをよく見極めながら、「結局、日本はどう変わらねばならないのか」を根本的に問い直したい。

終身雇用制度はかつて日本経済の繁栄を裏付ける社会的基盤として賛美、謳歌されてきた。いざ崩壊のカウントダウンに入ってみると、その副作用ないし有害性がじわじわと表面化してきた。この難しい時代をどう乗り越えるか。その課題の数々を整理しながら、解を求めていきたいと思う。

日本型組織が崩壊した場合、日本企業はどのような組織に変わるのだろうか。

終身雇用制度の下で、日本企業の組織は共同体として強いプレゼンスを持っていた。大多数の日本人は「社会人」である以前に「会社人」にならざるを得なかった。あるいは、「社会人」と「会社人」の同一化が定着したとも言える。終身雇用の終焉は、会社からの離脱よりも、社会による排斥に近い恐怖感を与えているのも、その証左である。会社の存在が肥大化すると、「会社のためなら」何をやっても正当化され（多くの不祥事に見られているように）、また個人を犠牲にすることも正当化されてきた。

日本型組織に求められる「組織内」人材の第一義的な要件は、その企業組織への適合性である。これは決して間違っていない。従来の日本社会全体に終身雇用制度が基盤的システムとして組み込まれていたからだ。日本社会にとって、終身雇用制度は「アプリケーション」ではなく、「OS」なのだ。

今、終身雇用という「OS」が使えなくなり、非終身雇用という新たなOSが構築されようとしている。そして、旧OSで機能してきたアプリが、新OS上では動かないという大問題に直面している。

まず、OSの変更は「改革」であり、世の中、改革ほど難しいことはない。改革は必ず既得権益層の抵抗に遭うからだ。終身雇用制度の問題はずいぶん前から気付かれていたにもかかわらず、誰もがはっきり言い出せなかった。問題が進み深刻化すると、政府はようやく重い腰を上げる。それでも「働き方改革」と名付けて当たり障りのないところ、残業削減やら非正規格差解消やら万人受けしそうなテーマを取り上げて取り組もうとする。

「働き方改革」は突き詰めたところ、「労働市場改革」であり、さらに掘り下げると「終身雇用制度の崩壊」を背景とする雇用システムの交替にほかならない。要するに「働き方改革」以前の問題であり、「雇い方改革」なのである。トップ層はトップダウン型の「雇い方改革」を持ち出せば、風当たりが強くなり、立場が悪くなるから、ボトムアップ型の「働き方改革」にすり替えてお茶を濁す。だから「働き方改革」はいつまでも本格的に進まないのである。

政治家は票を失うことを恐れている。経営者は従業員からの批判を恐れている。メディアの場合、世間の非難や読者・視聴者離れを恐れている。政治家も経営者もメディアも揃って労働市場改革の議論を忌避してきたのは、それが国民に不人気なテーマだったからである。これ自体も日本型組織の特徴である。正しい判断とすばやい行動よりも総意の集結、コンセンサスの形成に価値が置かれていた。コンセンサスが形成されないうちは、独裁的な判断や意思決定を控え、むしろ状況の悪化を座視するよりほかない。

変革をソフトランディングさせることができるか

情況の悪化が進むにつれ、段階的に小分けにしてリストラを実施していくのが、大方の日本企業のやり方だ。具体的な社名を挙げるのを控えるが、現状を見るかぎり、こうした傾向が顕著である。私からみれば、非常にまずいやり方である。理由を言おう。

まず、労働市場改革の趣旨（目的）はリストラではなく、時代に順応した制度の構造改革である。リストラはあくまでも構造改革のための一手段にすぎない。目的と手段の取り違えは本末転倒の愚行である。

次に、リストラを小分けにしてやると、社内の雰囲気が悪くなる。社員の誰もが次のリストラを危惧し疑心暗鬼になり、仕事に専念するどころか、士気低下につながりかねない。痛みを小分けにするのは、苦痛や恐怖を味わう期間を長くすることであり、経営や人事管理上のタブーなのである（逆に、インセンティブの場合、なるべくこれを小分けにして与えると、従業員が幸福感を味わえる期間が長くなる）。

最後に、早期退職募集という形態のリストラをやると、サバイバル力の高い社員がまず手を挙げる傾向が見られる。私の知り合いのなかにも、早期退職に応募して給料の高い外資系企業に転職したり、割増退職金を軍資金にして起業し、成功した人は何人もいる。企業はいかに馬鹿げたことをしているか。金を積んで有能な従業員を追い出しているようなものだ。

早期退職募集は、辞めてほしい社員は辞めず、辞めてほしくない社員がどんどん辞めていくという本末転倒の現象を招いている。企業もこれに気付いている。そこで狙い撃ち型の退職募集に乗り出す。特定の社員を呼び出し、「あなたは残っても仕事がない」と退職強要まがいの「面談」で精神的に追い討ちをかける。というようなケースが続発していると、企業のイメージにも傷が付く。

終身雇用制度が、一瞬にして崩れ落ちるのではなく、段階的な進行により時間をかけてフェードアウトしていく。各方面に大きな衝撃を与えることなく、ソフトランディングする。それは確かに理想的な形ではあるが、問題はそれが実現可能かである。

いかなる変革もソフトランディングによる実現が望ましい。ソフトランディングのシナリオを描き出すには、まず終着駅の風景（ビジョン）を規定しなければならない。つまり「非終身雇用時代」の企業像や従業員像、そして労使間の相互関係を明確な形にすることだ。そのビジョンに合わせて、現在の立ち位置を確認したうえで、できるだけ最善のロードマップを作成する。このようなプロセスを踏むべきではないだろうか。

行き詰まったところで、手当たり次第リストラ作業を繰り返すだけでは、リストラのためのリストラになり、士気低下や人材流出を招き、最終的に頓挫して元も子もない。最悪の場合、企業が傾いてきたら、それこそハードランディングになりかねない。

では、「非終身雇用時代」、そして新日本型組織の再生へのロードマップはどのようなものか?

非終身雇用への移行、3つのシナリオ

前述のように、終身雇用というOSが使えなくなり、「非終身雇用」という新たなOSに取って代わられようとしている。従来の旧OSに機能してきたアプリは、新OSにそのままインストールできない。このように、「OS」と「アプリ」という2大問題が横たわっている。

OSの変更は容易なことではない。とは言っても、いざとなれば、企業は経営上の意思決定さえ下れば、すぐに動き出せる。専門家を動員すれば、企業人事制度の刷新は1年や2年、慣らし運転期間も入れれば、通常は数年程度で新制度への移行完了が可能である

（企業の個別事情によりもっと長い期間を要するケースもあるが）。

企業ベースの制度改革はどんなものになるか。企業によっては千差万別で一概には言えないが、大きく3つのパターンに分けられる。

パターン1「新制度への一斉移行型」

新入社員も古参社員も特に区分せず、全員新制度適用で一斉に移行し、スタートする。非終身雇用に切り替わるのだが、既存社員には過去の旧終身雇用制度下の勤続年数に応じ、諸々の要素を折り込んで給料の過不足清算を行う。過不足清算とは、終身雇用制度下の生涯各段階における「生産性カーブ」と「賃金カーブ」の乖離によって形成された賃金の「過少支払い」と「過剰支払い」の清算を指している。清算が終わると、全員が同じスタートラインに立ち、よーいドンで一斉に走り出す。単純明快な方式だが、反対勢力の抵抗が生じやすく、実務上の改革は容易ではない。

パターン2「新旧2制度の併存と段階的移行型」

新入社員には「非終身雇用制度」という新制度を適用するが、既存社員には一定の経過措置を講じ、何らかの形で段階的に旧制度から新制度への移行を進める。新制度へ移行してから慣らし運転に入るのではなく、慣らし運転をしてから、あるいはしながら、新制度へ移行するというパラレルラン（並行実施）方式である。

デメリットとしては、「1社2制度」という体制の構築と初期運用がやや煩雑になり、企業に一定の取引コストが生じることである。一方、最大のメリットは何と言っても、急進的な変革が避けられ、中長期的に平穏な制度移行が可能となることだ。もっとも日本企業に適したアプローチではないかと思う。

パターン3 「新旧2制度の自由選択型」

「1社2制度」の中身は上記の第2パターンに似ているが、企業側からの一方的な「段階的移行」方式を取らない。従業員の自己意思による制度選択を可能にする方式である。ただし、新入社員には一律新制度適用とする。上記の第2パターンよりもさらに長い期間をかけて制度移行するため、よりマイルドなアプローチとなる。ある程度の余裕（長期的原資）がある企業に向いている。

補足になるが、「働き方改革」で音頭を取っている政府は自ら、産業界や民間企業の前に範を垂れることを求められる。公務員だけが親方日の丸、そのまま何ら変革もないのでは、国民も到底納得できない。ＡＩの導入を含めて、労働生産性の向上を中心とした行政改革をまず断行すべきだろう。

次に、個人ベースのアプリの変革になる。

戦後の大変革にあたる「非終身雇用時代」への突入。日本人一人ひとりにとっての衝撃が大きい。いわゆる常識が覆される衝撃である。人によっては「人生が狂ってしまう」という状況も生じ得るだろう。

１つの例を挙げると、住宅ローン。正社員の終身雇用を前提に銀行が設定した与信審査基準は根底から覆される。基準設定だけでなく、すでに実施したローンの返済への雇用（収入）保障が消滅した時点で基準の見直しが必要なのか、あるいは返済に実質的な支障が生じた場合、またどう対処するか。問題が多い。

現実的な自己防衛策が必要な時代

時代の大転換を前にして、日本人は厳しい現実とどう向き合うべきだろうか。

ここ数年、日本ではどうやら「自己責任」という言葉はあまり旗色がよろしくない。広範な選択の自由の下で生まれる自己責任はリスク、つまり不利益の可能性を意識させるからだ。日本の場合、個の確立が立ち遅れているとも言われている。多くの人は選択の自由よりも不選択の安心に傾き、共同体の成り行きに身を委ねてきた。ゆえに自己責任には違和感を抱く。

決してこれを批判しているわけではない。「選択の自由を放棄し、不選択の安心」を選ぶのも一種の選択の自由であり、これはこれで保証されるべきだろう。ただ、**これからの時代はどちらかというと、選択を求められる時代になる。**普通に大学を出て会社に就職し、サラリーマンとして働き、最後定年退職するという「敷かれたレール」が撤去されると、いわゆる「不選択の安心」も消えてしまう。

選択する自由を与えられたところで、その選択の結果に対する責任も自分で取らざるを得なくなる。自己責任という概念に善悪の判断を挟む余地がなくなり、否応なしに責任を負わされてしまう。従来のミニ（疑似）社会化された会社という共同体への恒久的所属が解消された時点で、リアル社会が取って替わり一次所属共同体となり、**会社よりも社会への親和性を求められる。つまり、真の意味で「会社人」から「社会人」になることだ。**

「出世」の定義も変わる。会社に入っての出世ではなくなり、社会ないし世界という広義的な「世」に出ての出世になる。社内の人間関係や一社にしか通用しない狭窄な「特別スキル」よりも、社会全体に渡る広範な人脈と汎用性のあるサバイバル力が求められる。

では、「非終身雇用時代」に向けて具体的に何がどう変わるのだろうか。

まず終身雇用制度と非終身雇用制度の本質的な違いを知っておく必要がある。ここでいう終身雇用制度は日本型組織における正社員（無期限の正規雇用）制度であり、非終身雇用制度は有期の非正規雇用の制度である。雇用者側からすれば、無期限の正社員の給料は

「固定費」であり、有期の非正規雇用従業員の給料は「変動費」である。

前述の通り、経営者には一般的に固定費よりも変動費を好む傾向がある。経営状況に応じて容易に増減できるからだ。日本も例外ではない。総務省の労働力調査（2019年平均速報）によれば、雇用者数は5660万人（役員を除く）のうち正規の職員・従業員数は3494万人で、前年から18万人増。非正規の職員・従業員数は2165万人で、こちらは前年から45万人増となった。

高水準の非正規雇用増は何を意味するか。非正規雇用従業員の給料は変動費であり、経営状況によって容易に解雇・雇い止めできるからだ。日本企業にも、「人件費の変動費化」という高い潜在的需要があり、なるべく雇用や賃金の流動性を求めたいのが本音であろう。これが非正規雇用比率の高止まり現象につながっている。

しかし奇妙なことに、日本の場合、正社員と非正規雇用従業員の賃金格差が深刻な問題になっている。**本来ならば、非正規雇用従業員の賃金は変動費である以上、削減されやすい分、「ハイリスク・ハイリターン」原理に則ってリスク・プレミアム分を上乗せしないといけない。**ところが、なぜか日本の非正規雇用従業員の賃金は「ハイリスク・ローリターン」になってしまっているのだ。この歪んだ関係もおそらく、「非終身雇用制度」が主流化した時点で、労働市場のメカニズムにより是正されていき、最終的に均衡化するだろう。

乱暴に言ってしまえば、「非終身雇用時代」においては、非正規雇用従業員の正社員化ではなく、逆に正社員が非正規雇用に吸収される方向になるはずだ。財務的に言えば、人件費はどんどん固定費から変動費に転化していくことになる。ゆえに、今後の方向性としては、企業に使ってもらえるように、スキルやノウハウはもちろんこと、固定費としての給料よりも、変動費としての報酬あるいは販売代金方式に自ら切り替えていくべきだろう。職種にもよるが、極端な話、最終的に個人事業主たる請負業者になれば、より多くのサバイバル力を持つという意味で理想的な形といえる。

さらに今後の趨勢としては、企業の早期退職、70歳定年ないし終身現役が現実味を帯びてきた。

早期退職とは、たとえば30代半ばに一度所属企業から離れ、キャリアの見直しに取り組むことだ。若いだけにやり直しが効くという意味で、キャリアの見直しは早い方がよい。業種や業態が絶えず変化している現在、企業は平均的に短命化している。流動性には流動性で対応するしかなく、個人個人も、より短いスパンで柔軟性・適応性の調整が必要になる。年金制度の機能不全ないし崩壊というリスクに直面し、高齢定年あるいは終身現役が不可避になる。

一方、企業としても終身雇用の維持ができなくなる。このジレンマを解決するには、1つしか方法がない。つまり、特定企業の社員・従業員としての身分よりも、個人事業主的なステータスがより現実的な自己防衛と老後対策になるだろう。

日本を支配する「妖怪」

では、空気を変えるための「仕組み」とは何であろうか。

戦力の逐次投入。日本のコロナ対策は、太平洋戦争のガダルカナル島戦と並ぶ歴史に残る失敗事例になるだろう。感染症を含めて、危機管理の基本は「最悪の想定を上回る過剰反応で、資源を一気に投入する」。過剰投入した部分は、現状に合わせて少しずつ減らしていけばいい。

しかし、日本はその反対をやっていた。少しずつ様子を見ながら、リソースを小出しにして投入していく。最も拙劣な戦術といえる。

日本社会は基本的に「空気」に支配されている。大きな方向転換には、まず「空気の入れ替え」が必要だ。

「**『空気』とはまことに大きな絶対権をもった妖怪である**」（山本七平『空気の研究』）。

日本人には、空気から脱却し、ロジックに基づいた議論に切り替えることはそう簡単ではない。それよりも、空気を変えたほうが効率的だ。人を変えるよりも、人を取り巻く環境（空気）を変えることだ。

空気の入れ替えには基本的に「内和」（私の造語だが）と「外圧」という2通りの方式が取られている。「内和」とは組織内部の各当事者の総意形成をいう。それは、各当事者の理念や利害関係のベクトルがほぼ一致していること、あるいは不一致があっても調整可能なことを前提とする。言い換えれば、最大公約数を求められるかどうかを見極める必要があるということだ。それができない場合は、「外圧」に頼らざるを得ない。「外圧」をもって「内和」を形成するか、あるいは反対派を物理的に排除する。

日産自動車の事例を挙げよう。1999年、瀕死の日産にルノーからカルロス・ゴーン氏がやってくる。最高執行責任者（COO）に就任した氏は再生計画の「日産リバイバルプラン」を発表。村山工場など完成車工場3カ所の閉鎖や、グループ従業員2万1000人の削減に踏み切った。

「経営難に陥った会社を救うには、リストラや不採算事業部門の削減」。この程度のことなら、誰でも分かる。日本人経営者でも分かり切っているのに、なぜわざわざ外国人のゴーン氏を引っ張り込む必要があったのか。それは、外国人が日本社会や組織の「空気」

を読めないからだ。

空気の入れ替えには、「内和」または「外圧」が必要だ。しかし、大型リストラや事業部門の閉鎖となれば、多くの当事者にかかわり、利害関係の調整がうまくいかない。つまり「内和」の形成ができないということだ。すると、「外圧」に頼らざるを得ない。その外圧役は誰が引き受けたらいいかというと、あえて日本的空気を読まない外国人のほうが都合がよいのである。

非終身雇用時代への移行に際し、日本型の組織は大きな挑戦に直面する。痛み、ときには激痛を伴う改革が必要だということは、ほとんどの日本人経営者が分かっている。「でも……」。改革の必要性を理解しながらも、彼らの口から吐き出されるその「でも」の続きに、いろんな理由が並べられているが、それらの理由にたった1つの本質が隠されている。それは**「空気が醸成されていない」**ということだ。彼らのなかに変革志向の強い人もいる。その人たちはひたすら「外圧」の到来を願っているに違いない。

平たく言ってしまえば、自虐的受動型変革願望ともいえる。しかし、すべての日本企業がゴーン氏のような外国人経営者を、外圧として入れられるとはかぎらない。何よりも、ゴーン氏の一件で多くの外国人はむしろ日本企業のお誘いに「No, Thank you」と尻込みしている。それはその背景がどうであれ、ゴーン氏の逮捕・逃亡劇が恐怖物語でなく、確固たる事実だったからだ。

そうすると、企業は経営の悪化という予知可能な物的「外圧」を待つよりほかはない。状況が少し悪化したら、それに応じて小出しにリストラなどを行う。**気がつけば、コロナ対策同様、段階的外圧による戦力の逐次投入となる。**

ポスト・コロナ、非終身雇用時代において、欠かせない変革を促すためにも、空気の入れ替えが必要であり、そのための外圧が求められる。しかし、それに足り得る「圧力」をもつ大きな外圧は、見当たらない。この類の本を書くには、明るい将来につなげる提案が求められる。しかし残念ながら、少なくとも現時点では、社会の次元におけるよき提案は、見当たらない。

このままいけば、日本がダメになってしまう。という人もいるが、先が分からないので、急に何らかの大きな外圧ができて、日本社会がコロッと変わる可能性もなくはない。ただ、その可能性に個人や企業の運命をかけていいのかという問題がある。

この本は、基本的に企業組織や個人レベルで起こし得る行動にかぎって論ずるものである。ここまでの議論で、世界や日本という背景を理解したうえで、では、一個人として自分の将来とどう向き合うべきかという議論に絞りたい。

第7章

悩めるトヨタ自動車

愛社精神の「愛」は、どんな愛か

「引きこもり」は、日本社会のゆがみと見られている。精神的に病んでいないのに、登校や就職などの外部活動を拒否したまま数カ月や数年ないし数十年、家でひとりすごす。いわゆる「社会忌避現象」だ。しかし、コロナ時代になってみると、「社会的距離」が提唱された。社会的距離の最大値といえば、在宅。家に引きこもるかぎり、ウイルスの拡散が食い止められるからだ。

長期間在宅していると、社会との分断から孤独感を強く感じ、自殺者が増えるのではないかと懸念されていた。しかし、ふたを開けてみると、専門家もびっくり仰天。何と2020年4月の自殺者数は、前年比約20%減（厚労省データ）。1つの仮説としては、社会から隔絶されたことで、逆にストレスが減ったとも考えられる（コロナの長期化による影響は考慮していない）。つまり、**社会との一体性がストレスを生み出していた**ということだ。

日本人にとっての社会は、第一義的に会社や学校などの、所属組織だ。社会の空間に入ると、一人ひとりの日本人は、その所属する組織の「空気」を強制吸入させられる。吸入した空気は体内で「同調圧力」に転換し、ストレスと化する。そのストレスがたまり、個人の耐性を超えたところで、心が病み、ひどいときは自殺に追い込まれる。

社会忌避現象としての引きこもりは、「組織空気忌避現象」であり、空気によるストレスの回避、ひいては自殺回避という生存本能の表出といってもよかろう。

日本人は文化的にも社会的にも、特に戦後、「会社」という組織に特別な関係と感情を持っている。これは世界的に見ても異常なほどだ。いわゆる正社員の終身雇用による運命共同体の形成。そこから生まれる一種の本能に近い感覚、これは外国人の立場から想像もイメージもできないものだ。

「会社員」という日本語に、ぴったりする英訳はない。「Worker」やら「Employee」やらは、いずれも被雇用者と雇用者の労使関係を表す名称にすぎない。「会社員」という日本語のニュアンスを到底、他国語で完全に表現することはできない。「会社」はある意味で「社会」をも凌駕する存在であって、無限・無尽の相互情愛に満ちた共同体なのだ。

話は変わるが、海外で、○○国大好き、○○国人大好きという日本人はよく見かける。これは何十年前から状況が変わらない。不思議なものだ。そして後日、「裏切られた」となると一転して、○○国大嫌い、○○国人大嫌いに転じる。

「家族的」「信頼できる」、さらに「自分だけは環境（周りの現地人）に恵まれている」と信じ込む人も多い。なるほど、それがあるから、「裏切られる」ことになるわけだ。

男性は飲み屋の女性に「疑似恋愛」の感情を持ちやすいというが、その延長線上において、**日本人は特に労使間の「疑似家族愛」の感情を持ちやすい**のではないかと、最近そう思う。これは中小企業のオーナー経営者から大企業の駐在員まで広範に見られる現象である。アジア地域にかぎっていえば、人々が考える「労使関係」は単なる労務提供と賃金給付の関係、せいぜいプラスアルファといったところだ。そのアルファには「疑似家族」云々が入るかどうかすら定かではない。

古代ギリシャから伝わる4つの愛の概念がある。エロス（eros）は、男女の間の恋愛。フィリア（philia）は、友人の間の友愛。ストルゲー（storge）は、親子や兄弟の間の家族愛。アガペー（agape）は、父なる神が子なる人間を愛する神の無限なる無償の愛。

さて、日本人の「愛社精神」はどれにあたるのか。フィリアとストルゲーのどっちになるだろうか。性質的にフィリアではないだろうし、日本というタテ型社会の特徴から考えれば、やはりストルゲーに一番近いのではないか。ただ血縁関係のないことから、「疑似家族愛」と名付けざるを得ない。日本人が独自に造り出した「第5の愛」と言えよう。

「会社」という言葉は、日本人にとって特別な意味をもっている。

会社人の標準化された人生

大学を出て、会社に就職する。いわゆる「学生から社会人になる」とは言いつつも、社会ではなく会社のなかで教育を受け、真の社会人ではなく、「会社人」の合格を目指す。日本の企業、つまり会社は、社会の代役を引き受けたのである。会社への貢献は社会貢献に準ずるものと見なされる。

会社ぐるみの不祥事に加担して問題となったり、ときには犯罪に及んだりした場合でも、「会社のため」と弁解し、自己正当化する人がいる。欧米諸国の人が聞いたら、開いた口が塞がらないだろう。欧米人が不祥事をやらないわけではなく、「自分のため」にやるからだ。日本人にとって会社はすべてである。そのような変形した世界観が形成された。「社会」と「会社」の取り違えは、個人次元の勝手な認知にとどまらない。いやむしろ、社会のシステム化・標準化によって個人の位置付けが決まったのである。

終身雇用という制度は、その中核的基盤を成してきた。典型的な例はこんな感じだ。

若い頃は企業内の教育を受け、懸命に働く割に給料が安い。勉強も兼ねているから文句を言えない。他人より早く仕事が上達した場合、すぐに抜擢され高いポストや給料を与えられるかというと、そういうことはまずない。年功を中心としたシステムが標準化されているからだ。はみ出しはあり得ない。

30代そして40代に入り、サラリーマンとしての「熟練形成」を終えたころ、給料が上がり、世帯の生活費をまかなえるだけの額が手に入るのは誠にありがたい。ローンを組んでマイホームを買い、結婚し家庭を持ち子どもが生まれ、いよいよ教育費もかさむころだ。

これらは、すべて計算され、標準化されている年功賃金システムが機能してこそはじめて実現できるものである。子どもが成人し大学を出て就職し手離れしたころ、55歳あたりに差し掛かり役職定年を迎える。ここで給料が下がっても、生活に困ることはないだろうし、数年後には退職金が入り、年金ももらえるようになる。あとは悠々自適な老後をすごすだけ。実によく標準化されたシステムである。会社が社会の代役を見事に果たしてきたと言えるのではないだろうか。

会社員から「社会員」へ。自由で流動的なつながり

中国語で「会社」のことを「公司」というが、昔の社会主義時代では「公司」でなく、「単位《ダンウェイ》」と呼んでいた。今でも習慣的に「単位」と呼ぶ人が多いし、労働法などの法律で

は「用人単位（雇用主）」が正式名称となっている。

社会主義の国営時代では社会の最小単位は「個人」でなく、国有や集団所有制の「会社」だったので、その意味で「単位」という称呼が定着していたのだろう。中国人民の成年者は誰もがどこかの単位に所属しており、雇用の「強制的」保障も食糧の配給も住宅の支給もすべて単位によって行われていた。

日本の終身雇用制度下の「会社」は、中国の「単位」に酷似しており、個人にとって生涯運命共同体である。個人が一生それに付着するだけに、ある意味で社会の最小ユニットまでいかなくとも、「準最小ユニット」たる存在になっていた。「ウチの会社」という名称からも、その異常な一体感がにじみ出る。

そして、日本では、その終身雇用制度が崩壊しようとしている。

これに伴い、ユニットの分化も見られるようになるだろう。つまり、企業組織が今まで日本社会の基本構成ユニットであり、最小単位か準最小単位として位置付けられてきたが、それが分化し、個人が社会の最小ユニットになっていく。

言い換えれば、「会社員」が消え、「社会員」になる。真の意味での「社会人」だ。これまで常識だった、会社員としての出世という考え方がなくなり、社会員としての生き残りがキーになっていく。

社会員は流動的かつフラットな結合（流動的ユニット＝「新ユニット」と呼ぼう）を事業プラットフォームとし、仕事を請け負う。従来の会社が構造変更により、新ユニットを再構成する。新ユニットは従来の会社と違い、組織自体の営利性や肥大化を単一目的としなくなるかもしれない。あくまでも、個人の事業プラットフォームとして位置付けられる。**労働法に基づく労使の雇用関係が徐々に薄れ、民法に基づく請負などの商取引関係が濃厚になる。**

たとえば、これはマレーシアで見た事例であるが、ブライダルフォトを専門とする写真館で働くAさんはコロナ不況で仕事が激減した。写真館は彼を解雇し、仕事があれば、彼を呼び出すという個人事業主の請負形態に切り替えた。収入が半分以下に減ってしまったAさんは必死に情報を集めていると、新たなビジネスチャンスに気付く。自粛やロックダウンによって飲食店のフード宅配が急増しているので、彼はウェブメニュー用のフード写真撮影の仕事を引き受け始める。

しばらくすると、Aさんは友人のマーケターBさんとタッグを組んで飲食店向けのトータル宅配支援サービスをスタートした。さらに、気が付いたら、宅配ニーズは何も飲食店にかぎった話ではない。外食が下火になると、食材・酒類の卸売業者も深刻なダメージを受け、個人客向けの小売にも手を出し始めた。これもまた商機だ。AさんとBさんは業務拡大につれてアプリ開発やウェブ専門家、配達員といった人たちをも集め、1つの食材・フード宅配プラットフォームを築き上げる。

このような新しい事業ユニットは、決して企業ではなく、雇用関係も存在しない。柔軟に市場のニーズを捉え、ゲリラ的な流動性を有しているこのような新ユニットは、決して恒久的なものではない。まもなく、競合する別のユニットが出てくる。その競争や市場の変化によって、新ユニットが潰れたり、生まれたり、合従連衡を繰り返し、すばやく変化・変貌していく。

新ユニットはその生産性や産出付加価値、あるいは代替性の度合いによって強弱関係が決まる。つまり、生産性や産出付加価値が高く、代替性の低い新ユニットが強者になり、そうではない新ユニットは弱者になる。社会の最小ユニットである個人は、その個人個人の強弱関係によって適合する新ユニットを選んだり、それに選ばれたりする。その関係は恒常的でなく、流動的に変化する。

異なる新ユニットの間を行き来することも日常的になる。個人と新ユニット、新ユニットと新ユニットのかかわりを包括的に管理するのは、「ブロックチェーン」的なスタイルと言えなくもない。これからの社会はこんな感じになっていくだろう。

「社内計画経済」はどこまでうまく機能するか

日本では正社員は仕事のできが悪くても能力が低くても、基本的に解雇されないという前提がある。日本にも失業者がいないわけではないが、本来ならば解雇されるはずだった社員が、配置転換や出向といった人事で社内あるいはグループ内に温存される。社会保障の管轄下に置かれるべき失業者を、外部労働市場に「輸出」せずに、内部労働市場で問題解決し、完結する。社会に迷惑をかけることは基本的にない。

内部労働市場といっても、市場メカニズムが完全機能しているわけではない。内部は、あくまでも人事部の異動辞令という「人為的計画」で動かされている。つまり、「市場経済」ではなく、「計画経済」なのである。計画経済である以上、諸々の不合理が生じるのも当然。たとえば、一部中高年労働者の（高）賃金と（低）労働生産性の乖離問題もまさに計画経済のもたらした結果なのである。

そこで「中高年リストラ」が発生する。

たとえば感染症にかかって、発熱したとしよう。問題の根源は発熱という「症状」ではなく、発熱の原因である感染だ。解熱剤ばかり飲んでも、根源となる感染を取り除くことはできない。

会社を人体に例えるなら「中高年リストラ」は解熱剤であり、企業内計画経済の非合理性を是正するための、本能的な警告発信と調節機能（バランサー）として作動した発熱、つまり低労働生産性への、対症療法にほかならない。だから、中高年リストラを悪として批判するのも、また働かないオジサンを悪として批判するのも、間違っている。

外部労働市場のような市場メカニズムをいかに取り戻すかを考える必要があろう。何もすべて外部労働市場にシフトするような、ドラスティックな解雇措置に頼る必要はない。まず本物の市場メカニズムが機能する「内部労働市場」の造成に取り組むことが大切だ。

企業・グループの内部労働市場の造成とは何か。人事部の異動辞令ではなく、人的資源配分を内部市場による価格調整メカニズムに任せることである。このような市場メカニズム、つまり価格（賃金）調整メカニズムをいかに作り上げるか。それは**賃金カーブという標準化された「人間管理」の見直しにかかっている。**

生きている人間だから、誰でも同じようなカーブを追って人生を歩むことなどあり得ない。戦後の高度経済成長というわずか10～15年ほどの特殊な時期に、国土・産業再建という緊迫した状況下で生まれた標準化要請であり、時限付きの需要対応にすぎなかったのである。

戦後の、終身雇用制度下の社員と会社の関係は「共同体型組織」である。会社は「イエ」に代わって、社会の最小共同体単位になった。日本人は会社との共同体関係の形成を背景に、ある意味でイエから疎遠にされる。これからの時代は、むしろ前述のようなイエ単位の共同体への回帰が課題となるだろう。

社内計画経済を会社間で調整する

コロナ禍で甚大な損害を受けた全日本空輸（全日空）が事業構造改革案の一環として、同社社員をトヨタ自動車関連企業に出向させる方針を、２０２０年10月下旬に読売新聞が報じた。

世間が驚いた。全日空からトヨタ自動車へと、飛ぶ移動手段と走る移動手段という共通点以外に、ほぼ関連性がない。全日空からどんな社員が出向するのか、トヨタ自動車でどんな仕事をするのか、考えても答えが出てこない。

第４章、第５章で述べたような流動性の高い狩猟型社会では、業種や職種といった制限に縛られてはいけない。出向先でどんな仕事を与えられるかよりも、出向先で何ができるかを社員から積極的に会社へ提案する。生き残るために、あらゆる可能性にかける。そういう時代である。

２０２０年９月に行われたアジア経営学会の全国大会で、私は、『不確実性の時代における企業グループ内部労働市場の流動性～コロナ禍下の人材シェアリング制度を例に』と題した研究報告を発表した。報告冒頭の一節を引用する。

「コロナ禍の長期化に伴い、その影響により業務量に対して人員が過剰になっている企業はコロナ後の業務回復に備えリストラを極力回避している。しかしながら、災厄の終息時期が不透明であるがゆえに、多大な人件費（固定費）を抱え、財務的に厳しい状況に陥っている。特にグループ企業を有する多国籍企業の場合、異なる事業拠点や業務種類によって人手不足の場面もあり、そこで制度的にグループ内の人材流動あるいは人材シェアリングのニーズが生まれる」

まさに、全日空・トヨタ自動車のような事案を想定した制度である。日本社会は終身雇用制度を取っているから、外部労働市場（一般的な転職）が発達せず、社内やグループ内の人事異動（人為的調整）が主流であった。**急進的な変化を避けるためにも、まずグループ内の内部労働市場を構築しよう**というのが、私の持論である。広義的なグループという射程が広ければ広いほど、選択肢や可能性も広がるわけだから、全日空・トヨタ自動車のような事例は歓迎されるべきだろう。ぜひ、うまく取り組んでほしいものだ。

労働生産性を「低く」とどめておきたい勢力

コロナ禍で、一向に進まなかったテレワークの社会実験が強制的に進み、「個人事業主ごっこ」のような形態が出現した。会社との濃密接触を希釈し、個人と職務型組織との関係を疑似的に作り上げようとする実験だ。

しかし、大方の日本人は組織の空気が遮断されたことで戸惑いを感じ、一日も早く職場へ戻ろうとした。ワクチンが配布されれば、慣れ親しんだ「昨日」に戻り、おそらく結果的にコロナ禍は、「空気」の切り替えを促す決定的な「外圧」になり得ないだろう。

つまり、ポスト・コロナの日本社会は、様々な意味で、変化を拒み続ける。

一方では、第4章と第5章でも触れた、AIをはじめとする「第四次産業」が急速に広がりを見せている。それが具体的にどのような形になるか、正直にいって正確に捕捉できない。10年先どころか、5年先も見通せない時代になってきただけに、「第四次産業」それ自体も正確な定義ができない。

いえることはたった1つ、**変化と流動性という「不確定性」が世界に浸透すればするほど、特定の企業に所属する正社員たる身分の希釈が求められる。**個人事業主的なステータスが、より高度の流動性、変動費としての財務的適合性（所属組織の固定費にならない）を有し、モビリティー化する産業や企業の流動的な人材需要にマッチする。この延長線上で、純粋な労使関係という従来の枠組みもやがて取り払われ、ビジネス・パートナーとビジネス・プラットフォームの関係へと変貌する。

そのとき最大の課題はやはり、労働生産性の問題である。個人単位での労働生産性評価が可視化されると、困るのだ。

少し前のことだが、私は某生命保険会社にメールを入れた。自分の生命保険料の払込みがあと残り1年となる。毎月の支払いは面倒だし、一括前払いしてしまえば、若干の割引もあるから、保険会社に連絡して手続を依頼した。折り返しの電話がかかってきてひと通りの確認を終えると、では払込用紙を日本国内の住所に送るから、それで郵便局や銀行の窓口で払ってくださいと担当者がいう。

払込用紙？　死語と思われるこの言葉を聞いたのは何年、いや、十何年ぶりか。海外生活の長い私は純粋に驚いた――。日本には払込用紙たるものがいまだ健在なのだ！

「私は海外在住なので、ネットバンキングのオンライン支払先を教えてください」と言うと、「それはできない」と言う。払込用紙がダメなら、「ご来店いただくしかない」と。「海外からその支払いのためにわざわざ日本へ飛ぶのか」と問えば、「そういうことになってしまいます。大変申し訳ありません」。丁寧なご案内だが、笑うに笑えない。

某生命保険のような大企業は真剣にIT化しようと思えば、そう難しいことではないはずだ。半年や1年もあれば、すべてがオンライン化できるだろう。なぜやらないのか。この規模の大企業なら、IT化の議論はしないはずがない。議論の結果として、オンライン化をやらないことになったのか。それともセンシティブな部分だけ議論を避けたのか。知る由もない。

払込用紙や来店支払い、そうした前近代的な支払い形態を存続させる理由は何だったのか。金融業の友人に聞いてみた。推測ベースだが、と前置きして2つの大きな理由を挙げてくれた。

まず、高齢者問題。オンライン化をやると、高齢者の顧客から苦情が殺到する。「年寄り切り捨て」「弱者いじめ」と批判される恐れもある。

もう1つは雇用問題。払込用紙の場合、紙代や印刷代のコストがかかる。顧客情報データの出力、封書の制作や郵送料、どれもコストがかかる。銀行の店頭では入金と払込用紙の金額が一致しているかを複数の銀行員がチェックする作業にもコストがかかる。保険会社の口座へ入金すると、最後の照合作業ももちろんコストがかかる。

このコストの総和とインターネット決裁のコストを比べれば、どれだけの無駄が出ているかすぐ分かる。これは一例であり、一企業にとどまらない、日本社会全体の生産性を低下させる原因になっているはずである。

基準を「後進」に設定すると、社会はどうなるか

数年前の夏、視察と休暇を兼ねて、北欧へ出かけた。デンマークの首都コペンハーゲンに到着し、エアポート駅で電車の切符を買おうとしたら、有人窓口がなくすべて自動販売機になっていることに気付く。よく見ると自販機はすべてクレジットカード用になっていた。切符販売の省力化だけでなく、現金売上処理にかかるコストの削減も取り組まれていたのである。

クレジットカードを挿入してみると、「ＰＩＮコードを入力してください」という表示が出た。「ＰＩＮコード」って何？　変に操作してカードが飲み込まれたら厄介だ。駅員に聞こうと周りを探しても駅員が見つからない。コペンハーゲン空港の駅は、有人切符売り場もなければ改札口もない。ホームにたった1人の駅員が発着の管理と安全チェックのために配置されているだけ。立ち往生しながらも、最終的に分かったことは、取引ＰＩＮコードが設定されていないカードは、「１２３４５６」でも「０００００」でも何でも

いいから6桁の数字さえ入力すれば、ちゃんと決済されることだった。

こんな不親切な駅を見たことがない。クレジットカードをもっていない客はどうすればいいのか。電車に乗るな。タクシーでも使ってくださいということか。その通り。**安い電車に乗りたければ学習することだ。それこそが成熟社会のモデルではないか。**

社会の進化という意味で、大方の国は「先進」に基準を設定している。デンマークも中国もＩＴ化がどんどん進んでいる。できない人は容赦なく置いていかれる。弱者に優しくないと言われたらそこまでだが、弱者に優しくするには、コストがかかることを忘れてはいけない。そのコストは全社会が負担し、生産性の低下を招き、社会の進化を妨害し、最終的に社会全体の弱体化につながる。

消費者差別の問題ではない。資本主義・市場メカニズムの問題である。善悪で評するべきではない。結果的に経済的手段で問題を解決するしかない。インターネットや自動化施設を使わなければ、その分のコストを負担してもらわなければならない。先の例でいえば払込用紙使用料や銀行店頭利用料、あるいは電車切符の現金購入手数料、割増実費（プレミアム）を負担してもらうのが合理的であろう。そうすれば、高齢者のネット使用率が一気に上がるかもしれない。

しかしＩＴ化が進み、ＡＩがどんどん社会に浸透すると、もう1つの問題が発生する。

雇用問題だ。保険会社も銀行も店頭サービスをなくせば、店頭担当の従業員が余る。支払いをオンライン化した場合、伝票チェック担当の従業員が余る。それだけではない。払込用紙や商品パンフレットなど多量の印刷物が不要となったら、印刷工場も余剰人員が出る。経済社会の合理化に伴い、消費者はもっと安い商品やサービスを手に入れる一方、合理化で自身もリストラの対象となる可能性が高まる。諸刃の剣である。

雇用維持を目的に仕事を残し、労働生産性を低下させている。ＯＥＣＤのなかで、日本の労働生産性は常に下位。業務の合理化を冷徹にやってしまえば、多くの余剰人員が生まれる。今の日本は決して景気がよいわけではない。人手不足も表面的な部分にすぎない。人手不足なら、労働市場の需要と供給からして、給料がどんどん上がるはずだ。なぜ給料が上がらないのか。やらなくてもいい仕事をたくさん作り出してやっているから、人が足りなくなり、１人当たりの生産性が低下し、給料が上がらないのだ。

ドラッカーの言葉をあげよう。

There is nothing so useless as doing efficiently that which should not be done at all.（価値を生み出さない仕事をまじめにやっている、これほど馬鹿馬鹿しいことはない）

後進や弱者に基準を設置する社会は決して強化されない。残される道は生産性の低下に伴う全員弱化にほかならない。弱者援助は必要だ。ただし自称弱者でなく、本物の弱者を助けることだ。そのためにも強い共同体が不可欠である。

議論が泥沼化する日本的メカニズム

日本企業のなかでは、なかなか本気で議論することができない。議論の場を与えられていないというよりも、議論するムードが醸成されていない。

議論は「対事型」（What）でなければならない。「対人型」（Who）に転じた時点で、対立が生まれ人間関係に亀裂が入る。「和を以て貴しと為す」を基調とする日本型の共同体では、人間同士の意見対立が「和」を壊すもととなるがゆえに議論が忌避されてきた。

議論の結論は、特定の作為または不作為として反映され、さらにその結果に対する評価が行われ、最終的に組織の構成員の個益に反映される。個益が絡んでいる以上、構成員は敏感に反応するわけだ。

結果がよければ、問題ないが、結果が悪ければ、誰が責任を取るかという問題が浮上する。そこで集団合議制の「優越性」が現れる。特定の構成員が責任を取る必要がなく、かかわった全員が責任を取る。責任を人数分で割れば、１人あたりの分担が軽くなる。そこには一定の合理性がある。そもそも独裁政治から民主主義政治への移行それ自体も、責任リスクの分担という意味合いが込められていたと言っていいだろう。

集団合議制による個体責任の軽減は合理的だが、組織のすべての事項を集団合議によって結論付けるわけにはいかない。日常の運営には様々な「些事」もあるだろう。これらの些事は、権限を与えられている各レベルの経営者・役員や管理職によって決裁されなければならない。そこでまたもや責任が生じる。

この責任を回避すべく、決裁者が取り得る方法は何だろうか。基本的には「論理的な議論」にほかならない。それでも決裁者は心細くなるときがある。特に前例踏襲によらぬ判断を強いられたとき、決裁者は不安に陥りやすい。その場合は、集団合意の代わりに前例や標準型にあたる一般モデルが決裁の根拠になる。これらの根拠のもとでなされた決定は、たとえ不良な結果を招いたとしても、前例やモデルがある種の免責根拠や「免罪符」となるからだ。

免責根拠が見つからない場合、決裁者は「不作為」（提案否決など）を選ぶことでリスクを回避する。やらなければ、失敗もしない。「不作為」それ自体が失敗になることもあるが、機会損失などの潜在的損失が生じても、とりあえず目に見えないだけに責任を逃れることができる。

ここまでいうと、責任逃れの経営幹部（「決裁者」＝Who）に非難や批判の声が集中する。議論が進行するうちに、不覚にも特定の当事者という「Who」が標的にされるのだ。そこでさらなる責任逃れのために、当事者はあれこれ言い分を担ぎ出し、議論が泥沼化する。気がつけば、人間同士の対立が深まる一方だ。

生身の人間なら、誰にも多少責任逃れの傾向があるだろう。人間の本性を否定してはいけない。責任逃れの他人を批判する自分もいざその場に置かれたとき、責任逃れの主体になっていたかもしれないからだ。なぜ責任逃れになるのか、あるいは責任逃れを動機づける体制の本質は何なのか、体制を変えることはできないものか、といった「対事型」（What）の議論に切り替えたい。

「敗者復活」のチャンスを与える仕組み

日本人ビジネスマンと外国人が、取引の交渉をする場面。そろそろ折り合いをつけてもよさそうな雰囲気になってきた。そこで、「よし、これでディールだ」と決めたいところだが、日本人は「この件は本日持ち帰って上司と相談します」と切り出す。外国人はひっくり返る。「何だ。決裁権をもたないやつと相談して、時間の無駄だった」と不快になる。海外でよく見られる光景だ。

日本企業の伝家の宝刀「報・連・相」が裏目に出た瞬間である。海外では交渉に先立って必ず交渉担当者にボトムラインとなる条件を伝え、決裁の権限を与える。なぜ権限を与えずに都度報告や相談を求め、部下の仕事に首を突っ込むかというと、上司は失敗をしたくない、責任を取りたくないからだ、というケースが少なくない。

人は失敗を咎められると、次は失敗しないようにと不作為に徹したり、部下の行動や業務の過程にもいちいち細かいことまで首を突っ込むようになる。日本の組織のなかで、上から下まで誰もが責任回避の行動を取るのは、失敗に対する不寛容があるからだ。リスクをとって成功した人に大きなご褒美が与えられることもない。それどころか、嫉妬を買って足を引っ張られることすらある。

一方、不作為で機会損失を招いても個人レベルの不利益はない。つまり、日本企業の組織構成員に対する評価基準の問題である。対事議論（What）よりも対人評価（Who）が中心になっているからだ。

日本社会の根底に横たわる問題の数々。その本質（What）を見逃して、事件があるたびにその当事者（Who）を「悪」としてたたく。それでは問題解決どころか、責任逃れや隠ぺい行動を助長すらしかねない。私が以前勤務していた外資企業では、権限を与えられた範囲内で失敗を許される。ただし同じ失敗は2度までとされ、3回目をやったらアウトだ。それは失敗の問題ではなく、総括力と学習機能がないからである。

論理的な議論を経て結論を導き出し、結論が出たら行動する。行動して失敗した場合、寛容な心と態勢で許す。さらに議論を重ね、失敗を総括して再挑戦すればいい。失敗には減点が付いてもよい。ただ必ず敗者復活のチャンスを与えることだ。失敗して1点を減点、もう1回失敗したら2点を減点、3回目成功したら5点を加点。そうしないと、誰もが新しいことをやらなくなる。会社も社会も衰退するのみだ。

「PDCAサイクル」は敗者復活を具現化するための素晴らしいツールだ。ただ「Plan：計画」「Do：実行」「Check：評価」「Action：改善」のなか、「計画」だけは気をつける必要がある。その「計画」はどのようなプロセスで形成されたのか。計画は、論理的な議論を経て導き出された結論に基づかなければならない。

ゆえに「Discussion：議論」→「Conclusion：結論」→「Do：実行」→「Check：評価」という**「DCDCサイクル」**を、私は提唱している。

100年に一度の大変革期にあたって、とにかく「変わる」ことが何よりも大切だ。その変化はある意味でたくさんの痛みも伴う。弱者救済や敗者復活のようなセーフティーネットを必要としている。

トヨタ自動車流、流動化時代の働かせ方

日本を代表する優良企業・トヨタ自動車は、特に「変化」に敏感な企業である。何よりも豊田章男社長は、機会があるたびに、「変わる」という言葉を口にしている。そして、社内における変化の遅さに苛立ちを隠そうとしない姿が印象的だ。

２０１９年３月６日に開かれた第３回の労使協議会では、「今回ほどものすごく距離感を感じたことはない。こんなにかみ合っていないのか。組合、会社ともに生きるか死ぬかの状況が分かっていないのではないか？」と、豊田社長が危機感をあらわにした。労使協議会といえども、社長は、若手の多い組合よりも、むしろベテランを含むマネジメント層に矛先を向けた。

「変われない」社員、「変わろうとしない」社員の存在が一番の問題点。トヨタ自動車労働組合の西野勝義委員長が労使交渉の場で「職場のなかには、まだまだ意識が変わりきれていなかったり、行動に移せていないメンバーがいる」と発言したのが印象的だ（２０１

9年10月11日「トヨタイムス」)。総合職に当たる「事技職」に問題が集中している。40歳手前で課長、40代後半で部長という出世コースが硬直化し、労使交渉では組合側からも「機能していない人がたくさんいるのではないか」「組織に対して貢献が足りない人もいるのではないか」といった意見が噴出した。「働かない中高年」問題はトヨタにもあったのだ。

年功序列はトヨタにも存在する。時代に取り残された制度問題については、その歴史的経緯を無視し、現状に照らしての不合理性を単純に批判することは必ずしも妥当とは言えない。終身雇用という全体パッケージのもとで入社した世代に向かって、「はい、ゲームオーバーだ」と一喝するのは酷である。それを過激にやると、ターゲットはどうしても対人的になりやすい。まずは、対事型課題として取り上げるべきだろう。

つまり、それは特定年齢層の従業員の問題でなく、賃金水準対生産性の問題である。両者の乖離さえなければ、何ら問題ではない。言い換えれば、問題は「中高年」ではなく、「働かないこと」だ。なぜ働かないかというと、働かなくても既得利益と将来見込み利益が保障されているからだ。

改善するには、この仕組みに流動性を注入すればいい。それだけのことだ。ただ、留意すべきは、仕組みの変換にあたり、入社日から今までの清算が必要だということである。

若い頃給料よりも多く働いた分、中高年以降に「還付」されるというシステムであれば、その過不足清算が必要だ。もちろん、その清算はある程度の誤差や損得があるかもしれないが、その辺はもうどうしようもない。重要なのは、仕組みの変更とそのルールを社員に明示し、納得してもらうことだ。

トヨタでは、早期ローテーション（多様な経験を積む目的）や年功序列の幅の拡張、管理職の削減、年次昇給枠の廃止などの施策がなされてきた。これらの趣旨は正しい。ただ、いずれも人為的調整であるがゆえに、納得性の問題が完全に解消するとは思えない。抜本的な解決策はやはり、労働市場メカニズムにほかならない。

トヨタだけでなく、日本の一般的な企業が、終身雇用制度のもとで社員に対して行う配転・昇進昇格は、人事辞令の発令による人為的調整であり、本来の意味での「労働市場メカニズム」に基づくものではない。市場経済へ移行するにあたり必要なのは、ポスト（職務や業務成果）に付随する価値を評価し、給付を行うこと。つまり、対事評価であり、ポストの属人性の希釈である。一般的にいわれる「職能」（能力）から「職務」（成果）への評価基準の移行だが、この点をより明確化することだ。

評価制度にも同じことが言える。トヨタは自社価値観の理解・実践による「人間力」と、能力をいかに発揮したかという「実行力」という2つのメジャー指標を採用している。この2つの評価指標はいずれも、属人型評価である。

属人評価は必要ないと言っているわけではない。非属人（対事）評価とのバランスを意識・吟味しながら、その濃淡関係を決定する必要があるからだ。無論、これに先立って変革期の人材・人事方針を戦略的に制定しなければならない。

トヨタは評価制度だけでなく、一時金の成果反映スキームの見直しや、中途採用の強化など時代の変化に対応した施策にも取り組んでいる。特に総合職に占める中途採用の割合を中長期的に5割に引き上げるとも報じられている。新卒一括採用型終身雇用制度の希釈として、方向性は明確である。

2020年から行われている、コロナ・リストラに伴う異業種他社人材の採用も大変面白い。「人材のるつぼ」という多様性に求められるのはやはり、内部の労働市場メカニズムである。社内（グループ内）で自由に人材が流動できる構図が出来上がれば、「働かない中高年」問題も自ずと解決する。

状況の変化に対応できる雇用形態を模索する

もう少し踏み込んで具体的な話をしよう。

この内部労働市場の流動化を実現させるためには、「契約の不完備性」を克服する必要がある。

「契約の不完備性」とは、将来起こり得る出来事に関して、契約上にすべてを明記することはできない状態を指す。日本型雇用の特徴は長期雇用である。戦後の経済成長期、つまり全体的需要が十分であり、かつ増大する環境においては、外部市場が相対的に安定していたので、長期雇用を前提とする労働契約でも大きな問題が起きなかった。言ってみれば、企業は多めに人員を抱え込んでも、市場の伸びに吸収され得る状況で、労働者１人あたりの生産性をシビアに考慮しなくてもよかったのだ。

しかし、日本企業を取り巻く環境が流動的になると、契約の不完備性が露呈し、適切な補正措置が必要となる。**企業が需要と供給に基づく外部市場取引（リストラなど）に付するか、それとも社内やグループ内における人員配置の調整といった組織的取引で完結するかは、契約の不完備性（人事制度の柔軟性が低いか高いか）の度合を評価したうえでこれを決定する。**

取引は、外部市場で行われるものと組織内部で行われるものという2タイプに分けられる。どのタイプにするかは、契約の不完備性の度合いに対する判断に依存し、情況の変更に伴い機敏な同期反応ができるかどうかがポイントになる。

この「動態的」な実情に、「静態的」な労働契約で対応するのは不合理である。一方、労働契約そのものに過剰な流動性を容認すれば、企業の恣意的な労働条件の改悪にもつながりかねないため、労働者の権利保護という労働法上の基本原則に反する。「静動分離」の手法を使えば、静態的な「雇用」と動態的な「職務（職位）」を切り離したうえで運用するアプローチに合理性を見出すことができるだろう。

内部労働市場の流動化要請に応えるためには、労働契約の不完備性を認識したうえで、静態的契約の動態化が必要である。ただ、労働法令に求められる基本的安定性の枠組みを無視するわけにはいかない。そのために、静動態が共存しつつも、相反の生じにくい棲み分け状態が求められる。

そこで、「雇用」と「職務」の切り離しが妥当であると考えられる。たとえ終身・長期雇用の労働契約（1階）であっても、そのうえに期間限定の職務（職位）任期オプション（2階）を上乗せする。さらに最上階に成果・実績に応じて配分されるインセンティブなどの流動性要素（3階）を加える。このような3階建®（エリス・ジャパン株式会社登録商標）を基本構造とする。

「雇用」（1階）は、「Pay to Person」として位置づけられ、もっとも確固たる労働者身分の保障である。静態的かつ属人的な成分が強く、雇用を伴う基本給は基本的生活保障

（生活給）であり、法や制度によって強く保護されている。その基本給の財務属性は、固定費である。

「職務（職位）」（2階）は「Pay to Position」と位置づけられ、所定期間（任期）内に付与・合意された職務上の地位であり、静動混在（半動態的）で時限付きの属職（位）性的保障である。職務（職位）に対する給付は、任期内において基本的に契約合意によって保護されている。その職務（職位）給の財務属性は、固定費・変動費混在型である。職務（職位）は、任期満了によって一定の流動性を付与されている。たとえば、営業部長職は任期3年。任期満了すれば、いったんポストを空けてもらう。続投したい場合、ほかの候補者と一緒に登用試験を受けるというシステムだ。

「成果」（3階）は、「Pay to Performance」と位置づけられ、所定期間（任期）内の実績や成果によって評価され、給付される評価給や賞与であり、動態的要素であるため、保障されない。その財務属性は、変動費である。

要となる職務（職位）任期オプションは、職務（職位）契約により短期運用される。例えばコロナ期間中に、職務（職位）が提供されない場合、従業員にほかの人手不足職務（職位）への誘導インセンティブが設定され、社内の労働市場メカニズムが作動して人材の流動が促される。状況の変化と、人材の需要・供給が連動、最適化される。

本人の意思・志願と受け入れ先（職務・職位）の需要のマッチングという「志願型転勤・出向制度」となり、従来の受動的異動から従業員の主体性に価値が移行する。同時に、希少資源である人材ほどより高く評価され、多能職人材ほど特にテレワークの普及により複数の依頼主から業務を引き受けることが可能になり、不況や有事時でも収入が確保でき、モチベーションの向上につながる。

企業にとってみれば、内部労働市場のリソース配分の最適化と、固定費の削減、変動費の相対的比率の向上により、不確実性の時代を生き抜くサバイバル力が強化される。

制度の設計や運用の詳細は複雑かつデリケートな部分もあり、人事マネジメントの専門書（後日刊行予定）の範疇であるため、これ以上の説明はここでは割愛する。

変わりたくない人には退場してもらおう

制度（仕組み）以外の課題に目を向けてみよう。

2020年春トヨタ労使交渉の第1回会合での豊田章男社長と労働組合のやり取りを見ていると、課題がより鮮明に浮かび上がる。制度改革それ自体よりも、むしろ改革を理解しない、あるいは望まないという社内の特定グループとの議論が進まないという問題である。

豊田社長は、こう語る。「メッセージはお互いの背中に向けて出し合っていたような気がしている。これからは、お互いの背中に話すのではなく、お互いの心をめがけてキャッチボールができるようにしたい」。これまでの状況としては、「背中に向かって話をしていても、一向に『伝わっている』という手応えが感じられない」と生々しく述べた。「変ろう」というトップの意思があっても、社員がついていこうとしなければ、いくらメッセージを伝えても、キャッチしてくれないのだ。それが「背中に向けて」「伝わらない」結果になってしまう。「『伝わる』というのは『言動が変わる』ということだ」と豊田社長はいう。まさにその通りで、現場の言動が変わらないことに苛立ちを感じるのも理解できる。

さらに、豊田社長は「組合員の皆さんに伝える形をとりながら、多くのメッセージを、私の後ろに座っているマネジメントに向けて発信している」「マネジメントの皆さんの言動が変わらなければ、組合員の皆さんの言動も変わらない」と詳しく説明する。

なるほど、やはりそうだったのか。これもトヨタ自動車だけの問題ではない。多くの企業では、改革に対して若手社員よりも管理職の抵抗が強い。既得利益を厚く積み上げれば積み上げるほど、変化・流動性に対する抵抗が強い。これは一般論としてそうだが、全員ではないはずだ。変化を積極的に受け入れようとする中高年管理職や若手社員もたくさんいる。しかし、彼らは、同僚ないし上司に反対者がいれば、なかなか賛成の立場を公に示せなくなる。組織内の「空気」を壊してしまうからだ。そうしている間に、反対の声が主流になり、あるいは明言できずにトップに「背中を向け」、間接的に反対の意思表示をするのである。

労使交渉の場を借りてマネジメント層に向けて「変われ」というメッセージを発信する豊田社長は、改革という戦役で悪戦苦闘している自分の姿と、並々ならぬ決意を世間に示すことになった。さて、改革はうまくいくのか。楽観できる状況ではない。

トヨタ自動車労働組合の西野勝義委員長は、**「変われていない人たちを守るのではなく、変えていく」**と話す。立場的に、労働組合委員長の発言としては少々異様にも聞こえるが、正論である。もう一歩踏み込むと、「それでも変わらない人たちをどうするか」という核心に迫る。避けられない本質的な部分だ。

最終的に、申し訳ないが、どうしても変わらない、変われない人たちは、退場してもらいますという明確なメッセージ、そしてアクションが必要なのだ。トップにも同じことがいえる。「言動が変わる」ことが欠かせない。言い換えれば、トップは善人でい続けられないのだ。

人事制度の全面的見直しに立ち返る

どのようなアクションが必要だろうか。一例を挙げよう。

豊田社長は事技職の社員について、「私が一番いけないと思っていることは、無関心です。相手に対する『無関心』、トップの取り組みに対する『無関心』、世の中に対する『無関心』です。『無関心』からは何も生まれません。お互いが理解を深め合うための第一歩は、相手に対して、興味・関心をもつことです」。

なぜ「無関心」でい続けられるのか。それは、自分の利害関係が絡んでいないからだ。単に「関心を持て」といわれても、なかなか関心を持ってくれない。

労使協議の場では、具体的な話がいろいろ出てくる。職場の実態として、「出社、帰宅時の挨拶の声が小さすぎる」「うつむき加減で挨拶を返されないでいる」「挨拶が機械のようだ」「休憩中はスマホばかり眺めていて１人ですごしている人をそのままにしてしまっている」「相談したことがばれて余計にやられるのではないかと心配する」「悩みを打ち明けられない」「部長から『仕事どう？　困っていない？』と聞かれても、『はい、大丈夫です』としか言えない。上司は声をかけたことそのものに満足している」など、社内コミュニケーションの欠落や部下に対するケアの欠落が指摘された。

なぜ、このような現状になったのか。多方面にわたって深く掘り下げてメカニズム的な原因を追究したいところだが、話が一気に、「面倒見のよい上司、悪い上司」という方向に流れてしまう。つまり、他人に無関心だったり、部下の悩みを見出せなかったりすることの原因を、「面倒見の善し悪し」という対人の部分から探そうとしたのである。これは実は一番のタブーだ。対人関係のデリケートな日本型組織の場合、問題解決のカギは、「対人」を避け、「対事」に意図的に絞り込むところにあるのである。

議論がどんどん「対人」の一途をたどり、加速化していく――。「家族のような職場であるべきだ」「家族だからこそ困っていれば助け合う」「目配り、気配り、心配り」といった「べき論」「正論」が次々と登場し、これらの条件を満たさなかった管理職の評価問題が出てくる。「人間力」と「実行力」という評価軸があるにもかかわらず、結局仕事のアウトプットだけを追いかけ、他部署や部下との接し方を見落としてしまうのではないかと、議論が進む。

挨拶の有無や声の大小から休憩中のスマホいじり、部下に対するケアまで、これらが一体仕事や成果にどのような影響を与えているのか。特に問題にされた部下に対するケアについては、ケアそのものが部下の依存心を強め、自助力を低下させることにならないか。

このような問いに対して、最初から常識・固定観念として善悪やべき・べからずを決めつけるのではなく、一度ゼロベースで議論してみる価値はないだろうか。「人間力」「実行力」の評価軸と「アウトプット」の評価軸の間に、何らかの矛盾・対立関係があるのではないかという課題が浮上したことは、大変興味深い。

トヨタ労使交渉2020年春第2回会議で、賃金制度の見直しが議題になり、友山茂樹副社長は、社員個人に対する「期待値」について、「仕事のアウトプットとしての期待値と、人間力や個人の固有技術に対する期待値」と説明した。後者に対して、数年前から『能力マップ』を作りたいとしたが、やれていない。透明性と公正性の担保のためにもやりたい」と明らかにした。

まず、「実行力」と「アウトプット」の関係。「実行力」は対人評価であり、「アウトプット」は対事（対物）評価であり、客体が異なる。さらに友山副社長が言及した「仕事のアウトプットとしての期待値」は、評価主体側の要素であり、それぞれ性質が異なる。これらの評価基準について、定義を統一しなければならない。

次に、「人間力」について、これは属人要素・対人評価であることは明確だ。ただ、「個人の固有技術に対する期待値」との関係はどのようなものか。「能力マップ」の構築に関しては、さらに課題が浮上する。能力は個人個人の学習や経験によって常に変動し、動態的要素であるがゆえに、能力マップはどこまでリアルタイムにその実態を反映し、かつ連動できるのか。マップの構築とアップデートにどれだけのコストがかかるのか。能力がパフォーマンスやアウトプットに直結するのか、その関係はどのようなものか。

最後に「人間力」と「実行力」を兼ね備えるというのが理想像だが、それができない場合は、評価の優先順位や比率をどうすればいいのか……。

第8章

働き方ではない、自分を変えるのだ

あたらしい「トヨタ神話」が始まる可能性

馬車しかない時代には、自動車の存在など想像すらできなかった。今は自動車の時代だが、我々は自動車がない将来を想像することができるのか。目をこすってぼんやりとした遠景を懸命に見定めようとしながら、不安でいっぱいだ。

筆者が主催する「生き方改革勉強会」でこのような話をしていると、トヨタ自動車グループのある社員から返事が返ってきた。「トヨタにいながらも、いずれ、真の自立が必要になるでしょう」。とてもシンプルなこの一言がすべてを語っているように思えた。キーワードは、「自立」である。

「自分のために自分を磨き続けてください。トヨタの看板がなくても、外で勝負できるプロを目指してください」

2019年1月8日、豊田章男社長が年頭の挨拶でこう語った。よい経営者とは何か。雇用を守るのは確かに1つの指標ではあるが、ただ、第一義的な指標ではないはずだ。時代が変わり、経営者が雇用を守れなくなったときに、社員の人生やその家族を守れるのは、個人の自立力にほかならない。

1989年の世界時価総額ランキングで、日本企業はトップ10に7社、トップ50に32社がランクインしていた。それが2021年には、トップ10に日本企業はゼロ、トップ50にトヨタ自動車がかろうじて入っているだけ。ジャパン・アズ・ナンバーワンという日本企業の神話が滅びた。そこで、今、トップ50に顔を出している唯一の日本企業、トヨタを神話化する余裕はあるのだろうか。世には「トヨタ神話」が存在しない。トヨタでも時代とともに変わらないと、滅びる。

「トヨタを離れても、生きていける」。自立できるほどのサバイバル力をもつよう、社員に本音で語り、呼び掛ける豊田社長の熱い親心を感じずにいられない。トヨタの社員は世界一幸せだと思った。

2020年の米国大統領選ほど、保守と社会主義左派・リベラルの違いを浮き彫りにしたイベントはなかった。トランプ率いる共和党保守系は、減税をコアとし、国民の自立、経済の活性化を促す政策を打ち出した。これに対して、民主党は法人税や個人所得税の増税を行い、増税分を社会保障などの財源に充てるとし、社会主義的な政策を取った。

社会保障（Social security）は「守る」ことで、誰もが反対できない「善」である。しかし、それが真の善なのか。「守られる」状態とは、「安全（Security）」な状態で、「安全」からは「安心」が生まれる。さらに、「安心」から「無防備」という状態が生まれると、最終的に「安全」が損なわれる。

一方で、「不安」はどうだろう。「不安」からは「警戒心」が生まれ、「警戒心」からは「防衛」が生まれ、「防衛」からは「安全」が生まれ得る、というパラドックスがある。この通り、物事には2つの側面がある。社会保障が行き届いている状態は、必ずしも100％の善とはかぎらないのだ。

さらに考えるべきは保障のコストと財源である。増税はもっともシンプルな財源調達策だが、それは必ず資産逃避を惹起する。グローバルの金融システムと各国各地の異なる税制が、資産の移動を容易にしている。お金は逃げたり、集まったりする。資産流出が国家それ自体の空洞化と貧困化を加速化させる。

社会保障は、国民の政府に対する依存性を強化する政治的効果がある。保障がなければ食べていけないので、保障を提供してくれる政党に票を入れる。コロナ禍を例とすれば、ロックダウンが健全かつ必要なレベルを超えると、経済がぐらつき、まずは体力のない中小企業が破綻する。雇用の大部分を占める中小企業の崩壊とともに、大量の失業者が出る。彼らは政府の保障に頼らざるを得ない。そこで国民の依存性がますます強くなる。

自立を必要としない依存型の生き方も1つの生き方であり、決してそれを悪と決め付けるつもりはない。すでに述べた通りこの本はあくまでも、事例として1つの生き方を示すための本であり、善悪を規定するものではない。取捨選択は、最終的に個人個人の価値判断に委ねたい。大事なことは、自分の選択に自分で責任を取ることだ。

既述の通り、日本の終身雇用制の一大特徴としては、新卒の大量採用と緻密な社内教育が挙げられる。特に大企業ほどこの現象が顕著だ。

大量一括雇用された新卒者は、終身雇用を前提とする「長期的視点」の下で、専門研修に加えて、「広義的人間性・一般能力の向上」も合わせて企業が包括的な教育機能を整備し、学校の延長として位置付けられる。人格形成にかかわる教育まで企業が引き受けるのもひとえに、社員の定年退職まで半生以上も付き合っていく労使の「運命共同体」関係なくしてあり得ない話だ。

社内教育は、それを総括担当する部門が設けられ、新卒社員からマネージャーまで個人別の研修ファイルがある。外部労働市場が有効に機能しておらず、人材育成も内部労働市場に依存しているからだ。これだけ教育機能が完備している以上、日本企業は人材を輩出し、たとえ終身雇用制度が崩壊しても、社員は転職や独立起業すればすむことで、何ら心配も要らないはずなのだが、現実はそうなっていない。問題は教育の中身である。

社内教育研修の多くは特定企業のためのものであり、社会的通用性を欠いている。終身雇用が前提であるから、社会よりも会社、特定企業組織のための教育研修や養成で十分だ。

それがもちろん理にかなっている。

企業にとっては技術や技能も必要だが、何よりも自社の社風に合った従業員の存在が欠かせない。終身雇用という生涯の付き合いもあって、企業は従業員にモラルに裏打ちされた自律的行動を強く期待する。企業組織というコミュニティの存在やその規範性を本能的に意識することが求められる。

「思考することへの恐怖感」から離脱しよう

2018年4月4日、大相撲春巡業中の出来事である。土俵の上で挨拶をしていた舞鶴市の多々見良三市長は突然その場に倒れた。複数の女性がとっさに駆け寄って応急処置に当たったところ、行司が場内アナウンスで「女性の方は土俵から下りてください」と繰り返し呼びかけた。

大相撲では伝統的に女性が土俵に上がることを禁じているが、1秒を争う人命救助を前にして明らかにその価値判断は間違っている。「どんな伝統や規則よりも、人命救助を最優先せよ」が絶対的正論である。しかし、その判断ができなかった。

とっさの出来事に、若手行司が「動揺していた」という。とっさの出来事だからこそ、何かが見えてくる。それは、「人命救助第一」という基本的原理よりも、まず「業務上のルール」が脊髄反射として先行していたという紛れもない事実だ。

思考停止以外の何ものでもない。行司が、責任を取りたくないよりも、とにかく教えられた（組織内部教育研修の成果ともいえる）、**ルールに則った行動しか取れなかった**のだった。これが日本社会のもっとも恐ろしい現状だ。

「Do the RIGHT thing.」
「Do the thing RIGHT.」

行司の行動は、「人命救助第一」の原則に照らして、正しいことではない。「Do the RIGHT thing」から逸脱していたのは明らかだ。しかし、彼は業務上のルールを守り正しく業務を遂行し、「Do the thing RIGHT」には合致していた。

「想定外の出来事で動揺した」というのはあくまでも弁解。「あつつ」と、熱いものに触れたときさっと手を引く動作のように、どんなとっさの出来事にも、人間は本能的に反応する。しかし今回の場合、その本能的な反応は残念ながら、「人命救助」という「正しいこと」よりも、「業務ルール遵守」、つまり「仕事を正しく遂行する」という使命感の発露が先行していたのだった。

本能的な反応とは、思考から離脱することを意味する。

2018年5月6日、日本大学と関西学院大学によるアメリカンフットボールの定期戦で、ボールを投げ終え、無防備だった関学大のクォーターバックに、日大の選手が背後からタックルして負傷させた。重大な危険行為であり、後に社会問題に発展した。この悪質タックル事件で、日大アメフト部員たちは声明文を発表、監督やコーチに頼りきり、その指示に盲従する原因として、「深く考えることもなく信じた」と説明した。

「深く考えなかった」――。

日産前会長カルロス・ゴーン被告らが起訴された役員報酬過少記載事件で、同社の西川廣人社長が東京地検特捜部の調べに対し、有価証券報告書に記載されなかった報酬の支払い名目を記した文書にサインしたと認めていることが分かった。「ゴーン被告と（前代表取締役の）グレゴリー・ケリー被告との間で話ができていると思い、深く考えなかった」と話した（2019年3月22日、共同通信）。体育会系の若者ならまだしも、十数万人の社員の頂点に立つ社長まで「深く考えなかった」とは、開いた口が塞がらない。西川社長に「論理思考力」が不足しているのか、それとも「深く考えようとしなかった」のか。いずれにしても社長としてあるべき姿ではなかった。その根底にあるのは、「深く考えること」への恐怖感なのかもしれない。

一段深く考える人は、自分がどんな行動をしどんな判断をしようと、いつも間違っているということを知っている。

（フリードリヒ・ニーチェ『人間的な、あまりに人間的な』）

「深く考える」とは、自分の判断や行動を否定する「もう1人の自分」が存在すること、その「もう1人の自分」とリアルな自分とが対話することを前提とする。言いかえれば、自己否定のできるもう1人の自分の存在が求められている。

正しく「批判的思考をもつ」こと

緻密に論理を積み上げていく力は、技術的な「論理思考力」である。これはどちらかというと「浅く考える力」にあたる思考の基礎、あるいは初歩的な段階である。一方、「深く考える力」とは、「考える自分を考える」という「もう1人の自分」を必要とし、認知バイアスや意思決定における誤謬である希望的観測を徹底的に排除し、あらゆる歪みを是正する真の叡智を意味する。

ここまでいうと、「深く考える力」をもつことがいかに難しいかと思われるかもしれないが、実はそうではない。実際は、誰にもその「もう1人の自分」が存在している。ただ、「もう1人の自分」は自分を否定するだけに、怖い存在になっている。ゆえに、「もう1人の自分」から逃げ出そうとする自分、あるいは逃げ出している自分がいることに気付く。いや、逃げ出していることに気付きすらしないときもある。

特定企業組織のための教育研修はときどき、社会に通用しない「教育成果」をもたらす。その根底にあるのは、固定の規範（正解）を教え込み、「なぜ」を問う懐疑的な姿勢を否定する教育方針である。ただそれがすべて「大相撲事件」のような深刻な問題に発展するわけでなく、むしろ単に当人自身のサバイバル力を弱化し、削ぐケースのほうが多いのではないだろうか。

以前、私がコンサルを担当した某企業の話。会社規則のなかに、「上司の指示命令に従うこと」と「批判的思考をもつこと」という2つのルールが記されていた。私はその企業のマネージャーに聞いてみた。「もし社員が批判的思考をもって、上司の指示が間違っていると判断したとき、どうすればいいのでしょうか」。マネージャーはしばらく考え込んでから答えた。**「上司の指示は基本的に正しいもので、それ以外の課題解決に批判的思考を持って臨んでほしいということです」**。

このマネージャーの回答は、明らかに非論理的だ。でも、彼の部下はこの非論理性を指摘、批判できるのだろうか。聖域化された上司の指示命令に無思考的に盲従する。これは社員の批判的思考力を削ぎ、常に指示待ち、指示なき場合は忖度する、このような状態を作り上げた。

いざ組織から追い出された場合、どうやってサバイバルするかが分からず、呆然とした状態に陥ったりするのも、その表れである。つまり、**内部労働市場に順応した暁には、外部労働市場適応力を弱化し、喪失するという痛ましいトレードオフである。**そうした意味においても、「副業解禁」は外部労働市場へのアクセスであるだけに、外部適応力を取り戻す絶好のチャンスとなる。

いつでも会社を辞められる力

「人材」という言葉を語らない企業はいない。では「人材」とは何か、という質問をされると、言葉に詰まったりすることがしばしばある。

ウィキペディアを調べてみると、こう書いてある――。「人材」とは、才能があり、役に立つ人物。すなわち社会に貢献する（contribute to society）個人のこと。**「社会に貢献する人」なのであって、「会社」ではない。**つまり特定の所属会社・企業を超えて、広範に社会に貢献できる人のことである。

この定義に基づけば、人材とは特定の企業にとどまることなく、どの企業に所属しても、あるいは所属せずとも独立などほかの形態によって社会に貢献できる、そういう人のことである。

「トヨタの看板がなくても、外で勝負できるプロを目指せ」という豊田章男社長の人材論をもう一度思い出していただきたい。まさに、トヨタという特定の会社でなく、広く社会に貢献できる人のことを言っている。言い換えれば、人材とはいつでも、特定の所属企業から離れられる人なのだ。そういう**「離れる力」、いわゆる「遠心力」**をもっているということだ。

遠心力をもたない、あるいは遠心力が不十分な人は到底人材とはいえず、不完全人材、発展途上者、発展停滞者、ぶら下がり組といったグループに所属する者である。「遠心力」だけが機能すれば、人材が特定の企業から飛び出し、よりよい環境（転職、あるいは独立）を求め、より大きな社会貢献ができる可能性を求めることになる。人材に軸足を置くと風景が異なるように見える。転職であれ独立であれ、**社会貢献の最大化が目標になってくる。**

社会という広角的かつ俯瞰的なアングルに立った、広義的な「人材育成」とは、人材により大きな遠心力を付与するものでなければならない。たとえば、大学の教育はまさにその典型だ。社会により大きな貢献ができる人材の育成、特定の企業組織を離れてもサバイバルでき、そうした遠心力をもった人材の育成に中核的な価値を置かなければならない。

一方、企業側に立ってみると、遠心力をもった人材を組織内に引き留めるために、それだけの「求心力」が必要になってくる。求心力とは、企業と人材とがいかに共同の目標や利害関係を共有できるかという点に尽きる。それは具体的にいうと、人材に対して、なるべく客観的な評価、評価に見合う賃金・待遇、十分な教育訓練の機会、組織内における昇進昇格の機会、そして個人生活に幸福を得る機会などを付与すること、そして人材がこれらの付与を認知し、納得することである。

求心力と遠心力が理想的な均衡状態にあれば、企業と人材の双方の利益の最大化を意味する。もちろん、現実においては完全な理想状態の実現・存在は不可能であり、理想状態に近づくようあらゆる施策が求められる。

一部の日本企業では、会社を辞めない従業員を、忠誠心をもった人材として画一的に評価しているが、これは要注意だ。会社を辞めない従業員については、上記の求心力と遠心力が機能しての「理想に近い」定着もあれば、単にぶら下がり従業員にすぎないという状況もある。後者の場合、つまり遠心力なき定着は「粘着力」によるものだ。

副業は社会へのゲートウェイ

では、会社を辞められる力、つまり「遠心力」をいかに作ればいいか。そしてどのくらいの「遠心力」をもっているかを試してみたい。そのためのチャンスはないものか。まず考えられるのは、副業だ。

副業全盛期とまでいかなくとも、**日本企業は着々と「副業解禁」の方向に向かっている。**働き方改革の一環としての施策だが、副業解禁の本質、その正体とは一体何であろうか。何よりもその裏に隠されている「企業事情」はどのようなものか。さらに、今まで所属会社一本で働いてきたサラリーマンは、副業解禁をどう捉えるべきか。いずれも大変気になるところだ。

まず、企業はなぜ、副業を容認するのか。諸説がある。人材流出を食い止めたいが、かといって高給待遇を出せない。ならばせいぜい副業を認めて、収入アップを黙認しようというような企業も確かにある。よくみると、「高給待遇を出せない」よりも、社内で能力による格差をつけたくないという本音が見え隠れしたりするケースもある。いずれにせよ、出している給料は不足していると企業側が自ら認めたものだ。給料を十分に出せないから、その代わりに副業で何とかしてくれというのが本音ではないだろうか。そもそも、日本企業には社員を自由に副業させるような風土がなかったのだから。

企業によっては、副業は条件付きで容認されている。対象社員に一定の勤続年数や副業勤務時間数上限など条件を設けたり、届け出あるいは申請を基本とするケースも散見される。

リクルートキャリアが２０１８年９月に実施した企業の意識調査では、兼業・副業を容認・推進している企業は全体の28・８％にとどまる。前回調査比で５・９ポイント上昇しているものの、まだ高いとはいえない。副業解禁とはいえ、ある意味で企業の「渋々感」が否めない。余程のことがないかぎり、日本企業は決して好き好んで副業を容認したくないはずだ。その「余程のこと」とは何だろうか。

それは詰まるところ、正社員の給料を従来通りに払えなくなった、ということだ。日本の場合、正社員と非正規社員との間に大きな賃金格差が存在していた。実際に同種の労働をしている以上、同一労働同一賃金の原則（制度）が導入されたところで、こうした待遇格差は違法にあたるので、企業は是正措置の実施に迫られる。一方では、残業規制についてはすでに始まっており、残業代込みで年収を辛うじて維持していたサラリーマンは、残業代の減少（激減）によって生活が苦しくなる一方だ。

そうした問題の数々を解決するために、企業は「副業解禁」に踏み切る。副業解禁の最大の見所は、会社員が労働市場のフレッシュな空気に触れられるようになるところだ。会社と社会の接点、ゲートウェイができたといっても過言ではない。

うまくいく人は、盗むべきものを間違えない

資本主義の特徴の1つとして存在する労働市場とは、労働力を商品として、需要と供給をめぐる取引が行われる市場である。概念を区分するために、企業外に位置するこの大きな労働市場を「外部」労働市場と名付けておこう。

外部労働市場では、需要と供給の調整は、賃金（労働力の価格相場）の調整で行われている。労働の超過供給とは、「失業」であり、失業とは「賃金の下方硬直性」と密接に結びついた現象である。賃金の下方硬直性とは、労働の需給調整のバランスが崩れ、労働者の賃金が一定以下に低下しない状態。このため失業が発生する。

しかし、日本の外部労働市場は、終身雇用制により一部特定の職種などを除いて転職が阻害されているため、全体的に硬直化している。市場メカニズムの働く外部労働市場で商品としての労働力が自由に取引されるはずだが、日本は違う。外部の代わりに、企業、特

に大企業の内部労働市場が機能している。大企業は資本力が強く、終身雇用の約束を比較的確実に担保できるという「安心感」があって、優秀な人材を囲い込むことができるからだ。

「副業解禁」の本質とは何か。一言でいえば、外部労働市場への門戸である。内部労働市場がいよいよ行き詰まると、いやでも外部労働市場へのアクセスを求めざるを得ない。それは別に悪い話ではない。会社員個人にとってみれば、雇用が一応維持されながらも、外部市場での力試しができるからだ。

副業に挑むことは、労働成果の価値を認知するうえで、貴重な体験である。価値論で説明すると分かりやすい。「努力」は個人の内在的価値の体現で、「結果」はその価値の外在化である。「製品」は作られた時点で一定の内在的価値が付随するものの、それが「商品」となって売られてはじめて価値の外在化が実現する。

努力と成果は、「製品」と「商品」の関係によく似ている。どんなによい製品が作られたとしても、ただ倉庫に眠っているだけでは、その価値は市場に認められない。そればかりか在庫管理にコストがかかるし、在庫は経理上の資産であってもキャッシュフローを悪化させ、最終的に資産の劣化を招来する。

「努力」という「製品」をいかに効率よく「商品」化するか。これが永遠の課題となる。

「商品」化されれば、内在的価値の外在化が実現し、「努力」が「成果」として報われる。

しかし、「製品」を作りさえすれば、「商品」となって売れる時代は終わっている。「努力」さえすれば、報われる時代も終わった。大変厳しいが、現実である。

副業をどうすればできるのかという質問が出る。副業をテーマとする書籍はたくさんある。『副業の始め方・稼ぎ方』『○○すれば、月××万円も夢じゃない』といったノウハウ本を10冊以上読んでも副業がうまくいかない人がいる。なぜ、失敗したかというと、決してノウハウ本が嘘をついているわけではない。成功体験の複製や再現はそう簡単ではないからだ。副業だけでなく、何事もノウハウ本やマニュアル通りにやるのではなく、原理を理解したうえで、自己流にやればいいのだ。

「Good artists copy, great artists steal」

ピカソの言葉。直訳すれば、「よい芸術家は模倣し、偉大な芸術家は盗む」という。ポイントは、客体。何を模倣するか、何を盗むかだ。私は、次のように解釈する。模倣するとは、他人の作品を盗作でなく、練習としてそのまま写すことを言っている。繰り返し写していると、技術が上達する。このあたりでは、芸術家といえども、表面の技術の習得にとどまっている。いいところでレプリカの制作技師にすぎない。では、盗むとは、何か？

他人の作品を繰り返し写していると、他人がなぜこのような作品を創ったか（「なぜ」を問う）、その裏に隠されている原理や本質、概念、哲学のようなものが見えてくる（見えてこなかった場合は、「なぜ」の問いが不足している）。その裏の部分を身に付けたところで、真の創作（自己流）が始まる。つまり、技術から芸術へ昇華することだ。**1つの裏概念を盗めば、無数の表作品を生み出すことができる。**究極の「盗み」だ。

副業のコツは「拡業」にあり

実は私も副業をやっている。

私の場合、経営コンサルタントが本業だが、今はそれ以外に、研究者、ジャーナリスト、作家という3つのタイトルをもっている。

ＡＩの時代であるから、様々な職業がＡＩに取って代わられようとしている。士業業界の頂点である弁護士でさえ、危機に晒されている。法令や判例のデータベースをＡＩが瞬時に調べてくれるし、パターン化しやすい民事案件なら、損害賠償額の算定などもＡＩが得意とする分野だ。医師業も同じ。例えばレントゲンの画像診断では、データベースから類似画像を検出し、問診回答も加えて疑わしき病状を列挙するなどで診断精度の向上にＡＩが貢献し、人間を超えている部分も出てきている。

私の本業である経営コンサルタントはどうであろうか。例えば、データ分析。これはＡＩの得意分野である。機械学習のアルゴリズムは、データのパターンから規則性を見出すことにより、複雑な現象を理解するコンピュータモデルを構築できる。もちろん、高度な戦略構築はまだまだ人間を必要としているが、経営コンサルタントも決して胡坐をかいていられる業種ではないはずだ。ＡＩに取って代わられないよう、技術を超えて、芸術を求めなければならない。

そこで、私は経営コンサルタント業の上下流に目を向けた。

上流には、情報収集・処理がある。それに自ら乗り出しているうちに、ジャーナリストになっていた。フェイクニュースがあふれ、２０２０年の米大統領選にも見られたように、既存のメディアがプロパガンダ化した時代に、新たなジャーナリスト像が求められている。そこに逆方向的に経営コンサルタントの情報分析力や実務的問題解決力を生かせば、差別化ができる。

下流には、学術研究の領域が広がる。経営コンサルティングの実務で蓄積されたデータや事例、ノウハウを整理し、メカニズムを見出し、理論化することができる。学術の理論構築は大学や学究の場にとどまることなく、検証・ブラッシュアップされ、より洗練された形のエネルギー素材となってコンサルティング実務の現場に還流し、価値を高めてくれる。

つまり、**自分が得意とする仕事の上下流に広げていく**ことだ。私はこれを「拡業」と呼んでいる。知らない分野にいきなり手を出すと、知識やノウハウの蓄積が少なく苦労するし、初期投資もかかったりする。なるべく、既存の資源を効率よく活用したい。拡業は本業に好影響を与えたり、上下流の整合・連動により、全体的価値を高めたりすることも多々ある。

「バリューチェーン」とは、事業活動を機能ごとに分類し、どの部分（機能）で付加価値が生み出されているかを計測し、事業戦略の有効性や改善の方向を探ることを指しているが、拡業は、自分だけのバリューチェーンを構築し、そのトータル・アウトプットの最大化を狙うことだと言える。

拡業のアドバンテージは、量にとどまらず、質にも及ぶ。まず、人間同士の競争。既存のいわゆる職業枠を超えた「複合職」についている人はまずそう多くないので、差別化ができるし、独自の競争力をもち、優位性を得やすい。次に、ＡＩとの競争。ＡＩは通常、特定の産業や業種、業務のために設計・開発されているが、この前提を打破し、クロス・フィールドの技能をもっていれば、対ＡＩの優位性もポテンシャルも一気に広がる。

可能性を広げる考え方を知ろう

少し、発想の練習をしてみよう。

長いこと決まった企業で働き、決まった仕事についていると、急に自分のバリューチェーンを作れ、拡業しろといわれても、まず発想が枯渇してしまい、アイデアが浮かばない。発想を柔軟化させるには、基礎訓練たるストレッチが必要だ。我々の日常生活や仕事の場を見渡すと、素材がいっぱい転がっている。**当たり前のようなことに、あえて「なぜ」を問うことで、すぐに練習ができる。**

一例を挙げよう。某大手電機メーカーのマネージャー研修会で、講師の私がある事例学習を出題した。お馴染みの自動車運転免許証（制度）に何か問題があるのか、どんな問題か、問題の原因はどこにあるのか、それをどう解決するか。

全員がしばらく考え込んでから、「特に問題がない」ということになった。問題がないのが最大の問題だ。「では、ゴールド免許についてどうでしょうか」と、私は一歩踏み込んでみた。それでも、沈黙が続く。仕方ないので、私自身の体験談から切り出す。「私がよく運転していてたまに違反すると、ブルーの一般免許になってしまいますが、妻はまったくのペーパードライバーで当たり前のようにゴールド免許を持っている。それは、どう思いますか」。すると、「うちもそうです。それはおかしい」という受講者が現れ、「そう言われてみれば」という同調者が続々と手を上げる。

日本の優良運転者（ゴールド免許）制度は少しおかしい。そもそもペーパードライバーとデイリードライバーの無事故無違反歴を同一基準で判断すること自体が不合理だ。

では、本当の優良運転者を査定・評価する際に、どのような実効性のある評価基準を取ればいいのかという課題に議論が展開する。そうすると、いろんな発案があって、最終的にまとめると、一定の走行距離に対応しての安全運転歴を評価基準にするべきだという結論に落ち着く。

その単位走行距離をどうやって実測するかという実務問題になると、技術系のマネージャーが、運転免許証にＩＣチップを組み入れ、自動車のエンジン始動装置と連動させ、免許証とキーを同時挿入した時点でエンジンがかかるようにすればいいと提案してくれた。すると、走行実績が自動的にトラッキングされ、優良運転者の評価が時系列的にできあがる。さらにこれで免許証の不携帯問題も解決されるという派生的なメリットがついてくる。ここまでくると、全運転者の運転走行ビッグデータができあがる。ＡＩを導入すれば、安全運転向上のためのデータ分析処理が行われ、より大きな付加価値が創出される。運転免許証のオンライン更新手続も可能になろう。運転者側にとっても行政側にとっても大きなコスト削減が実現する。

常識を疑い、柔軟な発想をもてば、可能性が無限に広がる。それは、個人の拡業にとどまらず、所属する組織ないし社会に対して価値を提供することにつながる。

「モノの見方、考え方を変えなければ、仕事のやり方は変わらない」。豊田章男社長がいう。働き方改革よりも、序章で述べた「生き方改革」だ。生き方改革はまず、ものの見方、考え方改革から始まる。「生き方改革」第2回勉強会のフィードバックにこのような質問が寄せられた。「リストラへの防衛策には、『資本力を持つ』とありましたが、自己資本を充実させるということでしょうか。お金を調達する方法は、今いろいろあるようですが、自分には無理だと考えます。あまり貯蓄もうまくできていません。資本力を持つということについて、もう少し詳しく教えてください」

私はこう答えた。

「資本力の蓄積は十人十色で、これが唯一の正解というものはありません。一般論として考えると、まず、資本力の定義。有形無形を含めて将来に向けて換金性を有するものを資産と定義した場合、資本力にかかる射程も見えてきます。もちろん、一定の預金や投資などの金融資産をもつことは資本力を意味しますが、必ずしもお金がすべてではないことも自明の理です。もちろん、今おっしゃる『お金を調達する方法』は大事だと思います。普通の会社員にとってみれば、本業と副業という2つのチャンネルがありますので、まずはこれらを精査したほうがいいでしょう。本業は会社依存で、副業は自己依存ですから、それぞれの条件を1つひとつ並べて検証するということです。

補足したいのは、副業です。副業とは、本業と並行してのビジネスという固定観念に捉われてはいけません。そのほかに、『拡業』という選択肢もありますし、本業との関連性を持たせれば、本業にプラス効果を与えることも期待されます。まとめると、我々一人ひとりが就いている職業や置かれている状況はそれぞれ異なりますが、今は棚卸の時期です。**社会や世界が向かっている方向に、我々がどのようにかかわっていけば自分の価値が生まれるかを検証する**ということです。自分の価値が生まれ、それが換金性を持った時点で資本力につながるわけです」

思考方法が変われば、人生が変わる。生き方改革の核心は、考え方改革だ。そのために、勉強が必要だ。日々勉強。いろんな学問があるなか、何が一番重要かと聞かれたら、それはやはり哲学だと、私は答える。

実学の勉強も大事だが、それよりも哲学の勉強がはるかに重要である。実学が手足だとすれば、哲学は脳に当たる。実学が「物事を学ぶこと」だとすれば、哲学は「学び方を学ぶこと」になる。

本を読むことと考えることの関係

哲学は、ビジネス現場における実学を含めてすべての学問の基盤であり、まさに人間の考え方を作り出す元である。自然科学も社会科学も、いろんな学問分野がある。オリンピックに例えると、**哲学は陸上競技や水泳、体操のような競技項目ではなく、どちらかというと、体力づくりの基礎トレーニングのようなものだ。大変地味だが、とても重要である。**

しかし、哲学は難しいといわれている。本当だろうか。

私が哲学を勉強していることを聞きつけて、哲学の蘊蓄やら哲学の勉強やらいろいろ尋ねてくる人が多い。なかには哲学の入門書としてどの1冊を読んだらいいかと質問してくる人もいる。私はいつも答えに窮する。なぜなら、何を隠そう私は系統的に哲学を勉強したことがないからだ。

哲学の入門書をアマゾンで調べたら、数十種類もある（もっとあるかもしれない）。ただ、どれもおそらく10ページも読まないうちに放り出したくなるような本ばかりだ。つまらない。分からない。とにかく読みたくない。いわゆる哲学の入門書といえば、哲学史を追って哲学者の思想や理論を羅列していくようなものが多い。しかも、哲学者Aの理論を哲学者Bが否定し、今度哲学者Bが打ち出した理論に哲学者Cが異論を唱える。おいおい、一体どれが正しいんだよと、怒鳴りたくなるような気分だ。そもそも論になるが、哲学とは何かというと、「懐疑」と「批判」の学問だ。だから、哲学者同士も批判し合って否定し合うのが常識である。哲学とは唯一の正解を求める学問ではないのだ。

あまりにもつまらないので、私は哲学史を追いながらも、自分の仕事や生活に使えそうな哲学にしか興味がなくなった。「実用的哲学」をスポット的に探し当て、それを勉強して実務のツールにしている。本物の哲学研究者から見れば、「邪道」の部類にあたるかもしれない。

例を挙げよう。具体的に哲学者の名を挙げて説明すると、分かりやすいかもしれない。前述したように、ニーチェが「深く考えること」について論じた。自分の本能的な判断や行動を否定する「もう1人の自分」とリアルな自分との対話（ときどき、喧嘩）の重要性を解説したが、その延長線上でもう1つの名言を思い出す。

「我思う、故に我在り」、哲学者デカルトの名言。知らない人はいない。肝心なことはその「我」。その「我」は一体誰なんだ。「我思う」というのだから、今ここにいて考えていることもあるのではないか。しかし、必ずしもそうとはかぎらない。「我」には、「自分」と「もう1人の自分」という2人の自分がある。「考える自分」と「考える自分を考える自分」という本質的に異なる2人の自分である。後者は「一段深く考える自分」ともいわれる。

考えること、思索がどれだけ重要かというと、もう1人の哲学者を思い出す。蔵書数千冊だとか、年に数百冊の書物を読破するとか、読書家は知的感満点で絶対善とされるのが一般的だが、この常識を喝破するのは哲学者のショーペンハウアーであった。

「読書とは他人にものを考えてもらうことである。1日を多読に費やす勤勉な人間はしだいに自分でものを考える力を失っていく」。

私自身もかつて多量の読書で自慢する時期があった。読書は決して量で自慢するものではない。所詮他人から知識をいただくものにすぎないからである。考え抜いた知識から文脈を作り、そこから真理を見出すことこそが価値の源である。思索である。

しかし、読書ができても、思索ができるとはかぎらない。

「思索を呼吸のように自然に行うことができるほど天分に恵まされた頭脳」。ショーペンハウアーはこう形容し、「思索向きの頭脳と読書向きの頭脳との間に大きな開きがある」と指摘する。「多読は精神から弾力性をことごとく奪い去る」。耳が痛い。**「学者とは書物**

を読破した人、思想家、天才とは人類の蒙をひらき、その前進を促す者で、世界という書物を直接読破した人のことである」。

世界という書物を読破するには、自分がしっかりした思想を持つ以外方法は皆無だ。「我々が真の意味で十分に理解するのも自分の思想だけだからである。書物から読みとった他人の思想は、他人の食べ残し、他人の脱ぎ捨てた古着にすぎない」。

我々現代人は多忙な仕事や日常生活から時間を捻出して読書する。さらに思索の時間を捻出しなければならない。思索とは何か。その原点は懐疑に基づく問いかけにほかならない。

凡才の発想を超えるためには「知性」が必要だ

次にやってくるのは、「知」の話だ。「知は力なり」。果たしてそうなのか。ショーペンハウアーの『知性について』は決して、知性を讃える書ではない。いわく「知は力なり」に懐疑の目線を向け、知性のメカニズムを解き明かす。たくさんの知識を身に付けても役に立たない人もいれば、わずかな知識しかもっていなくても大きく力を発揮する人もいる。なぜだろうか。知性と力とは必然的な因果性をもっているわけではないからだ。その代わりに、知性と意志の関係に注目したい。

人間は知性を働かせ、この世界や世界に存在する事物を認識しようとする。そのとき、個別の事柄を個別次元にとどまって認識する浅薄な知性もあれば、個別案件を通じて物事の一般的メカニズム、物事間の脈絡を認識しようという深い知性もある。

「人間を含めていかなる動物も、明らかに餌を見つけて手に入れる目的のためだけに自分の知性を具えているので、当然、その知性の及ぶ範囲もかぎられている」。ショーペンハウアーはこう語る。さらにこの文脈でいけば、人間は自分の利害関係にかかる範囲に知性を働かせた以上、偏った認識を生み、つまり希望的観測をもつようになるのである。

人間はその知性で真の世界を認識することはできない。そもそも、知性には客観性を求めるべきではない。知性は主観的要素、つまり人間の意志に従属しており、意志の奴隷であるからだ。この歪みを是正するには、意図的に利害関係のない領分に着目し、それらに関心をもち、知性をこのような自分の意志が少なくかかる領分に向けるべきだということである。

「政治は我が身に関係がない」「医学は医者の仕事だ」……。このような言説はやはり、凡才の表れである。歴史的に名を残す思想家や哲学者たちは、何も哲学だけでなく、政治や芸術から、数学や物理、天文学、医学までこれでもかと広範な領域において豊富な知識をもっていたのだった。真の世界を知るために、自分の意志への従属度の低い知性を身につけたいものだ。

もう一歩進もう。いかに考える力を高めるか。

「アウフヘーベン」とは、「止揚」ともいわれ、ドイツの哲学者ヘーゲルが弁証法のなかで提唱した概念だ。主張や意見が互いに批判し、否定しながら、より高い段階、より高い次元に到達することである。「止揚」という日本語は、ある意見に対しそれはおかしいではないかと「止めて」、そこから議論し高くひらめき、高い段階・次元に「揚げる」ことを意味する。

ビジネスパーソンは、「アウフヘーベン族」でなければならない。これを実践するために、要訣がある。**議論は、必ず「対事」（What）であること。絶対に「対人」（Who）にしてはいけない。**「あなたが間違っている」からスタートすれば、ときどき「人格否定」にもつながりかねない。さらに「人格否定」の手法をみると、「失敗した」ことを理由にすることが多い。「失敗したヤツだから、その話を聞く価値がない」。失敗したからこそ、失敗体験を総括し、失敗の本質をえぐり出し、「アウフヘーベン」により高次元に昇華し、成功を収める。世界を見渡して、そうした事例は枚挙にいとまがない。

日本社会では、一度でも失敗したら、ただちに「失敗者」の烙印を押され、社会的存在すら否定されかねない。敗者復活ルールの存在しないことが、日本社会の進化を妨害する要因になっている。失敗しないために、保身的になり、意見をためらう。同調に加担し、企業や国家が危機に直面しても不作為に徹し、何があっても「想定外」や「未曾有」で片づける。

悲痛を通り越して憤りを禁じ得ない。日本社会の腐った秩序を一度徹底的に崩壊させなければ、おそらく軌道修正も再建もできない。ただそのリセットがいつやってくるかは分からない。待っていられないから、個人ベースや企業組織ベースで動き出すべきだろう。

ルサンチマンと学問と自己責任

一人ひとりの日本人が自立すれば、日本社会も変わる。日本社会のイデオロギーとは何か。社会人類学者中根千枝氏が、その名著『**タテ社会の人間関係**』のなかでこう述べている。

「……そうした日本のイデオロギーの底にあるものは、極端な、ある意味で素朴（プリミティブ）ともいえるような、人間平等主義（無差別悪平等ともいうものに通ずる、理性的立場からというよりは、感情的に要求されるもの）である。西欧の伝統的な民主主義とは質的に異なるものであるが、**日本人の好む民主主義とは、この人間平等主義に根ざしている。これは、すでに指摘した『能力差』を認めようとしない性向に密接に関係している。**日本人は、たとえ、貧乏人でも、成功しない者でも、教育のない者でも（同等の能力をもっているということを前提としているから）、そうでない者と同等に扱われる権利があると信じこんでいる。そういう悪い状態にある者は、たまたま運が悪くて、恵まれなかったので、そうあるのであって、決して、自分の能力がないゆえではないと自他ともに認めなければならないことになっている」

だが、人間には能力差が存在している、という歴然たる事実がある。これが生来の不平等というならば、神様の罪に帰結せざるを得なくなる。そもそも、不平等も格差も道徳観的な善悪には無縁であって、単なる存在にすぎないのである。しかし、能力差という事実を回避するために、それが一種の「悪」としての位置付けが烙印されるのである。

私はここで論じているのは、決して、「能力差を『悪』とすること」を「悪」として断罪するためではない。能力差の認知回避それ自体は、社会構造上の必然的帰結である。農耕社会という基本構造をもっていた日本では、能力差を明らかに認めることは、調和の毀損や社会の機能不全を引き起こす。

会社のなかでも、このような社会関係が投影され、浸透した時点で、「能力差」がタブー化される。能力に応じての差異的処遇は「能力主義的差別」として断罪され、真の能力主義的人事制度や賃金制度も禁断の果実となる。結果的に、中根氏が指摘した「タテ社会」が出現する。年功序列ベースの人事が行われるのである。

人間平等主義の日本社会で育った日本人にとって、「能力差」の存在を明言するほど辛いことはない。しかし、**能力は固定値ではなく、動態的に変化するものだ。**そして、人生を決めるのは、能力だけではない。能力差と同じように、強弱の差も問題だ。弱肉強食は善悪の判断を差し挟む余地がなく、存在する事実である。どうしても悪というなら、悪という事実の存在をしっかり確認すべきであろう。

私たちを取り巻く環境は全般的に厳しい。いや、過酷だ。競争の激化は、資源全体の成長停止ないし減少、そして人間の欲望に起因する。事実の存在と人間の本能は否定しようがない。これも善悪の判断を差し挟む余地がない。このような外部環境を、マクロからミクロまで批判することは簡単だが、これらを抜本的に改善する手立てがない以上、むしろ空虚と無力の自己発露にすぎない。これらの批判は、建設的とはいえない。

「貧窮・困窮をもって怨望の源とせば、天下の貧民は悉皆不平を訴へ、富貴はあたかも怨みの府にして、人間の交際は一日も保つべからざるはずなれども、事実において決してしからず、いかに貧賤なる者にても、その貧にして賤しき所以の源因を知り、その源因の己が身より生じたることを了解すれば、決してみだりに他人を怨望するものにあらず」

福澤諭吉の名著「学問のすすめ」の一節である。**「世の中の貧乏人はみな不平を訴えて、金持ちはうらみの的となって、人間社会は一日も持たないはずだけれども、事実はそうなってはいない。いかに貧乏で社会的地位が低くても、その原因を知って、それが自分の責任であることを理解すれば、決してみだりに他人を恨んだりはしないものである」**

（『現代語訳・学問のすすめ』齋藤孝訳）。

ここで言っている「怨望」は、「ルサンチマン」に近い意味で解釈されるべきだろう。貧困者や弱者が富裕者や強者に対して、「憤り・怨恨・憎悪・非難」の感情を持つことを言う。元々はキェルケゴールが提唱した哲学上の概念であって、ニーチェの『道徳の系譜』やマックス・シェーラーの『道徳構造におけるルサンチマン』でも取り上げられている。

福翁のこの一節は、今日の日本に照らして、いささか異論を招来しかねない。まさに「貧困」と「自己責任」というセンシティブ・イシューに触れた言及だったのではないか。ホリエモンの発言ならまだしも、あの福澤諭吉が１４０年前にも指摘したことであれば、それをどう受け止めるべきか。

「自己責任」と「貧困」は、必ずしも必然的かつ唯一の因果関係を成すとはかぎらない。

自己責任によって貧困に転落する人もいれば、他者責任に起因する人もいる。あるいは原因が半々だったり、いろんなパターンがあるだろう。福翁が指摘する「その源因の己が身より生じたること」とは、原著の文脈から、「学問」に強く関連付けられていることが分かる。学問を積極的にしない、それを怠ったことで「自己責任」を問われているのである。

さらにその「学問」の定義が非常に重要で、決して単なる知識教養の吸収だけではない。現実の世の流れを察知し、その本質を知り、実生活をサバイバルしていくための胆力や気力、能力といった広義的な「学問」を指しているのである。たとえ上等な教育を受ける機会に恵まれないからといって、それが「学問」欠如の理由にはならないことである。

政府が悪い、制度が悪い、社会が悪い、不正にまたは楽をして蓄財した金持ちが悪い。確かにこれらが悪いかもしれない。だからといって、不平を訴えれば世界が変わるのだろうか。法律は金持ちに有利にできている。だったら法律を変えようではないか。投票しようよ。いや、一票を投じても社会がちっとも変わらないではないか。それは民主主義の機能不全だ。結局、何も変わらない。**ルサンチマンの悪循環に陥る。**

格差の是正が正義だとすれば、その政治運動や社会運動に身を投じるべきだろう。または、格差前提のサバイバルのための学問を身に付けていく。あるいは、無作為のまま批判や沈黙、ルサンチマンに徹する。この選択はまさに「自己責任」のもとで行われるのである。「自己責任」とは英語では「self-responsibility」といい、ネガティブなイメージはない。自己責任からは成功も失敗も、幸福も不幸も生まれ得る。ゆえに中性的表現である。自己責任の対極は「他者責任」である。その他者が無責任だった場合はどうするのか、これを考えて行動するこそが「自己責任」ではないか。

価値は与えられるものではなく、決めるものだ

「高貴な種類の人間たちは、自分こそが価値を決定する人間だと感じている。こうした人々は他人から是認されることを必要としない。『わたしに有害なものは、そもそも有害なものである』と判断する。こうした人々は、自分こそが、事物に栄誉を与えるものであることを知っている。価値を作りだす人々なのである」

（ニーチェ『善悪の彼岸』）

時代錯誤よりも、そもそも「高貴な種類の人間」というだけで「差別」と指弾される今の日本社会。日本人は常に他人の目線を気にしながら生きている。他人から是認され、また他人に是認を要請し、この是認の相互要求はすべて「空気を読む」という手段によって

行われている。自分が価値を決定するどころか、自分の価値すら他人の評定に委ねている。ニーチェの世界ではやはり、「精神の奴隷」の類に分類されるだろう。

価値を決定する主体性と能動性は尊いものであり、手放してはいけない。価値を決定することは決して、善悪を仕分けることではない。

悪を卑下する必要はまったくない。「悪」という定性よりも、「価値」という定量に指向しよう。無価値のものや有害と判断したものとは棲み分けすればよい。価値を付与することによって「事物に栄誉を与える」のだ。

他人からの是認は、他人の価値の表出であり、それを求める必要はない。**他人の是認の有無は、たまたまその他人との価値の一致性が問われた結果にすぎない。**それに一喜一憂する必要はない。多様化が唱えられる時代だけに、本当の多様化とは何か、その正確な定義を問われることすらない。多様化というのは、人それぞれの価値が微妙にずれていることを示唆するものにほかならない。

止や誤、善や悪という二元論が相変わらず横行している世の中だが、グラデーションの世界を白黒二色の世界に強制的に塗り替えることは、いかにも愚かであろう。

「奴隷の道徳はまったく別のものである。**もしも迫害された者が、抑圧された者が、**

苦悩する者が、自由でない者が、自信を持てない者が、疲れ切った者が、道徳の教えを説くと考えてみよう。こうした人々の道徳的価値評価にはどのようなものが共通しているのだろうか？おそらく人間のすべての状況について悲観的な猜疑が漏らされるだろうし、人間が断罪され、人間がおかれている状況が断罪されるだろう。奴隷のまなざしは、力強いものたちの徳を妬み深く眺めるだろう。奴隷は懐疑家であり、不信の念に駆られた者である。力強い者たちが敬うすべての『善きもの』には、敏感な不信の念を示すに違いない。――そこにある幸福は、本物ではないのだと自分に言い聞かせるのだ」

（ニーチェ『善悪の彼岸』）

「奴隷」とは、一般に人格を否認され所有の対象として他者に隷属し使役される人間のことをいう。ニーチェの目に映る「奴隷」とは、身体の隷属よりも、精神の隷属のことを指しているのだろう。**自分の諸々の「負の処遇」や不幸の源泉を特定するためには、自己（客体）に対置されるカウンターパーティー（主体）の存在が必要だ。**つまり奴隷を所有し、奴隷を搾取する主（圧制者）のことだ。

奴隷道徳は弱さから生まれるルサンチマンであり、事物を「良」「悪」ではなく、「善」「悪」で判断する。奴隷道徳は圧制、あるいは抑圧への反抗なので、圧制者を悪と捉える。

奴隷道徳は圧制者を超える道を探るのではなく、圧制者をも奴隷化する道を探る。つまり、圧制者を全否定し、圧制者はいずれ地獄に落ちるという結末を用意する。奴隷階級や圧制者階級たる「階級」が消滅する現代においても、なお弱者の妬みたるものは消えない。いや、むしろそれが増強しているように思える。

日本ほどフラットを指向する社会も少ない。「みんな同じ」という認識が戦後から定着し始め、社会の同質性・均質性が非常に高い。なのに、なぜここまで「格差」や「不平等」に敏感なのだろうか。原因は「階級」という「可比較性」が消えたことにある。

陸と海の違いは、その異質性に着目されるが、陸上にある山や谷や平地の違いは、その高度の比較で表出され得る。同質・均質なもの同士は、より可視的な「量の差」で比較される。人間は同じグループのなかで相互比較する習性をもっているがゆえに、その比較によって人為的に新たなグループ内階級を作り出す。それを強者と弱者の階級、あるいはサブグループと言おう。

要するに、「階級」や「グループ」や「格差」は、社会に必要なのだ。

社会主義や共産主義が実質的に指向し目指すところは、「階級」の消滅ではなく、「階級間の断絶」である。いわゆる一握りの特権階級が雲の上の存在となることだ。残される大多数の庶民階級を均等な貧困状態に陥れる。一方、民主主義制度は「階級」を消滅しようとする。そこではフラット状態になったはずの万民にグループ内の格差が可視化され、相互比較から妬みやルサンチマンが繁殖する。

「不平等が社会の共通の法であるとき、最大の不平等も人の目に入らない。すべてがほぼ平準化するとき、最小の不平等に人は傷つく。平等が大きくなればなるほど、常に、平等の欲求が一層飽くことなき欲求になるのはこのためである」

（トクヴィル『アメリカのデモクラシー』）

では、どうする？　ビル・ゲイツが言う。**「人生は公平ではない。そのことに慣れよう」**。

この一言に尽きる。

「……奴隷的な思考方法においては、善人は危険のない人でなければならないからである。善人は温厚で、だまされやすく、おそらくどこか愚かであり、善良な人である。奴隷の道徳が優位を占めるところではどこでも、言語は「善」（グート）という語を「愚か」（ドゥム）という語に近づけようとする傾向があるのだ」

（ニーチェ『善悪の彼岸』）

日本人には、耳の痛い話だ。海外で日本人がよく騙される。日本人は世界でも比類なき温厚かつ騙されやすい人種といえる。騙すと騙される方、どっちが悪いといったら、それは騙す方が悪いに決まっている。「騙される方も悪い」といったら、怒り出す日本人もいる。

あえて、私が言う。**「騙される方が悪い」**。なぜ？――。騙される日本人が増えれば増えるほど、「日本人は騙せる」という定評が一層強固なものになる。すると、人を騙すなら、まず日本人を騙したほうが成功率が高いわけだから、次から次へと日本人が騙される結果になる。このとおり、騙されることは同胞に迷惑なのである。だから、騙される方が悪い。日本は農耕民族で国土も狭い。村社会由来の人間関係には、騙しは禁物である。人を騙したら村八分にされ、悪評が一生付きまとう。ほぼ再起不能になることは間違いない。ゆえに、騙す行為から得られる利益と制裁によって失われる利益を天秤にかけて、通常は人を騙さないのだ。善人の世界だ。

しかし、世界に出てみると、悪人だらけではないか。そこで善人が一気に愚人と化する。愚かだから騙されるのだ。日本人以外の人も騙されるが、騙されたところで穴があったら入りたいくらい恥ずかしくなる。とても人前では言えない。自分の愚を公にさらけ出したくないからだ。堂々と騙す方を批判し、正義論を振り回すのは世の中で日本人くらいだ。

「偉大で、多様で、包括的な生が、古い道徳を超えて生き延びるような危険で不気味なときが訪れたのである。このときに直面した『個人』は、みずから法を定めることが求められる。自己を維持し、自らを高め、自らを救済するために、独自の技巧と狡智を働かせることが求められるのである」

（ニーチェ『善悪の彼岸』）

ポスト・コロナ時代、非終身雇用時代では、ヒトと組織の結合は、共同体的ベースを失い、仕事や成果の提供に基づくものに変わる。この流動性に即して求められるヒト（人材）の条件とは、特定組織への付着（粘着）からの剥離、そして外部に向けて動き出すパワー、つまり「遠心力」の育成にほかならない。どんな組織に対しても貢献できるし、個人事業主としても社会でサバイバルできる力が求められる。一方、人材を引き付け、定着させるべく、会社は反対に「求心力」を持たなければならない。個人の「遠心力」と組織の「求心力」が均衡状態に近づこうとする。このようなメカニズムが未来社会の主軸になろう。

誰が権力者になっても世界は変わらない

不確実性に満ちている世界である。サバイバルしていくうえで求められることは、「ルールの制定」と「自己強化」「自己救済」という生き方改革である。そして何よりも、「独自の技巧と狡智を働かせる」ことは世の常識であり、サバイバルの鉄則でもある。

人間は誰もが力・権力への意志をもっている。それは一種の本能である。自己保存を確固たるものにするには、自己拡張が最良の手段となる。自己拡張するには、力が必要だ。

サラリーマンは誰もが出世を望んでいる。私もそうだった。マネージャーになって専用コーナーブースをもったとき、あの嬉しさはすごかった。課長の次は次長、そして部長、本部長、役員、最後に社長の座を目指す。世の中を変えるにはまず権力が必要だからである。反権力と叫ぶ人間たちはおそらく権力をもたない人たちであろう。力を持たない弱者が酷い挫折感をもち、そこで権力を悪と解釈する。

ニーチェがいう。**力で世界を変えられない人間は、「解釈」で世界を変えようとする。**強者や権力は悪であって、連中はいずれ地獄に落ちる。それがキリスト教の原点、ニーチェが『アンチクリスト』という本のなかで克明に指摘し、ルサンチマンの原点、本質をえぐりだした。だが、誰が権力者になっても、世界は本質的に変わらない。そういう事実、いや真理を得心すれば、人生はずいぶん楽しくなるものだ。

ニヒリズム（虚無主義）とは、歴史にわたって世界や人間の存在それ自体の意義、目的あるいは価値の存在を否定するものである。ただ、そこで単なる存在である歴史的事実に意義付けていくのが人間である。疲弊や絶望、妬みや怨恨、無力ゆえの漂流といった消極的・受動的ニヒリズムもあれば、無価値だからこそ価値を付けてやろうという積極的・能動的ニヒリズムもある。

社会の不公平に不満を感じたり、強者や恵まれている者に妬みや憎しみの感情をもったりすると、ルサンチマンに陥る。それよりも、**すべての負の現実を試練として喜んで受け入れ、敗者復活や逆転に全力を挙げる。それこそが能動的ニヒリズムである。**

ワーグナーの「マイスタージンガー」（第一幕への前奏曲）を聴くたびに、勇気づけられる。夢語りの空虚さも、郷愁的な空虚さもない。ただひたすら勇猛な前進のみ、その単一価値の高貴さを謳歌する。たとえニヒリズムであっても、いやニヒリズムだからこそ、能動的な作為が可能となる。可能にすればいい。無から有を創り出す。生の価値、ただそれだけ単純な原理だ。弱は決して恥ではない。

生き方改革。それは、弱の強化、力への意志、際限なく力の増殖こそが強き美であり、生存と進化、そして自由の極限に挑む人生の賛歌である。

終　章

私の「生き方改革」20年

「自由からの逃走」からの逃走

2000年6月30日、私は、サラリーマン生涯に終止符を打った。組織の束縛から解放され、私は自由を得た。もう、毎日憂鬱な気分で会社の玄関をくぐることがなくなったと思うと、肩の力が抜ける。「会社よ、私は必ずやってみせる、必ず成功してみせる」、心のなかでつぶやきながら、悲劇のヒーロー気分に酔いしれる自分は、不思議な高揚感に包まれる。

会社に背を向けて街に1歩2歩と、踏み出す。東京の街は、いつものざわめき。早足で歩くビジネスマンたちで熱気が溢れている。私は一瞬茫然とした。さあ、どこへ向かおうか。行く先がない。行く先を考えていると、歩くスピードが落ちる。すると、右からも左からも1人、2人、3人、次々と早足で先を急ぐ人たちに抜かれていった。忽然と私からは、あの高揚感がきれいに消え去った。取って代わられたのは、自分がこの街から排除された孤独感だった。次第に、孤独感が恐怖感に変わってゆく。

その後の数年、私が得たその自由から生まれたのは、数えきれないほどの苦しみと挫折感だった。自由というのは、光と闇の両面をもっていることを知った。

20年が経った。完全とはいえないが、**私は5つの自由を手に入れた。時間の自由、場所の自由、金銭の自由、言論の自由、そして思考の自由。**

仕事や休みなどの時間を自分の意思で支配し、住みたいところに住み、行きたい場所へ行き、このような生活を支える経済的基盤もできた。そして何よりも、言いたいことが言え、一応、固定観念に縛られることなく自由な思考ももてるようになった。もうこれ以上の自由はあるまい。「我が生涯に一片の悔い無し」と豪語できるほど、最上の幸福に恵まれた。

しかし、それでも自由には闇が付きまとう。事業のリスクや経営者の孤独、不安や恐怖……。自由の闇は不自由の棲家である。そんな感じがした。ときどき、サラリーマン時代を懐かしく思い出すときもある。制度のなかに安住する心地よさが蘇ったりする。

制度のなかに安住する――日本人を含めた現代人、特に日本人に顕著に見られる現象である。ある程度の自由を犠牲にしても、それと引き換えに恒久の保障を得る、というトレードオフである。長きにわたってそうした制度内にいると、たとえ自由を与えられても、それを享受する意思が希薄化したりする。それどころか、戸惑いすら感じ、自由を迷惑視し、自由の受け入れを拒否することも珍しくない。野生動物が檻のなかに入れられ飼育されていると、野生に復帰できなくなる。これと同じ原理だ。

「自由」は、死を意味する。そういうときもある。それでも、人間は常に自由を求めている。自由は善であるからだ。一見正論であるかのように見えても、少なくとも半分くらいは嘘である。世の中、自由を放棄し、自由を拒否し、自由から逃げている人はいくらでもいるからだ。

「自由は耐えがたい孤独と痛烈な責任を伴う」。――ドイツの社会心理学者エーリッヒ・フロムの著作『自由からの逃走』は、「自由」の本質を根底からえぐり出した。フロムは問う。単に幸福を追求するために選んだ自由は果たして本物の自由といえるのか。「選ばされた自由」に誤魔化されてはいないか。気付かぬうちに自分が自由を得ながらも他者に対する加害者になってていないか。

受動的自由は本当の自由ではない

日本の終身雇用制度は崩壊しようとしている。これは会社の束縛から解放され、自由を得ることを意味する。ならば、これ以上喜ぶべきことはあるまい。にもかかわらず、不安、落胆、失望、焦燥、悲痛、恐怖、そうした負の感情を抱き、現状を痛烈に批判し、「誰か」に責任を取らせようとする人たちがいる。

彼、彼女たちは自由に伴う「孤独」と「責任」を恐れている。特定の組織の束縛から解放され、多様な選択ができるようになることをプラスに捉えていない。その根底に横たわっているのは、「自己責任」の拒否である。日本という国は個の確立が立ち遅れていると言われている。多くの人は「選択の自由」よりも「不選択の安心」に傾き、共同体の成り行きに身を委ねてきた。ゆえに自己責任に違和感をもち、その受け入れにアレルギー反応を起こしてしまう。

決してこれを批判しているわけではない。「選択の自由を放棄し、不選択の安心」を選択するのも一種の選択であって、その自由は保証されるべきだろう。ただ、現状は残念ながら、個人の「依存」と「従属」に、組織は十分な対価給付として「保護」や「報酬」を提供し続けることが困難になってきた。そこで組織構成員に、副業の容認など強制的に「自由」を付与しようとしているのだ。構成員である個人側からすれば、受動的自由の受領である。

自由は2種類に分けられる――「受動的自由」と「能動的自由」。真の**「能動的自由」とは、個人が自ら主体として能動的に希求する自由であり、その自由に伴うリスクや責任をもすべて受け入れる、そうした覚悟ができていなければならない。**しかし、実際に「自由」に伴うリスクや責任といった側面は日本社会でほとんど語られてこなかった。「自由」

は一方的な権利として解され、日本人の「自由」に対する普遍的な認識は、非常に単純化された枠組みにとどまっていたのである。

「自由の放棄」を代価として手に入れたいわゆる「安心」や「安全」を絶対善としてきただけに、「自由」という概念の捉え方はより一層歪んだ。いざ、自由を放棄する自由が失われようとしたときになってみると、日本人の悲劇はクライマックスを迎える。

「自由からの逃走」。実は我々人間が日々自由を求めながらも、自由から逃げ回っているのだ。ただ、日本人は喪失に強い民族である。**悲劇のクライマックスはきっと再生の序章になるだろう。**

長く苦しい道のりを超えた先の自由

会社員になり、会社の指揮命令下に置かれ、言われた仕事をやる。自分が完全に望んだ形、納得した形で働いているわけではない。つまり、完全に自由な状態ではない。様々な束縛を受けている。さらに、異動。転勤辞令を手にして、行きたくもない場所へ行き、何年も憂鬱な気分で働かざるを得ない。自由のないサラリーマン生活は辛い。と思ったことはよほどラッキーな人でなければ、誰にも一度や二度はあるだろう。

そこで会社を辞めれば、自由になる。リストラされても、同じ自由になる。素晴らしいことではないか。だったら、終身雇用制の崩壊を大いに歓迎すべきではないか。サラリーマンは会社の束縛から自由になれるわけだから。なぜ、終身雇用制の崩壊を悲しみ、憤りを感じる人が大勢いるのだろうか。

いざというとき、会社から解放されて得られるその自由だけは、要らないというのだ。なぜだろう。その自由から逃げたい。あえて会社に所属し、組織のなかに入り、様々な不自由を味わいながらも、帰属感と保障を得る。そのほうが安心だから。これがいわゆる「自由からの逃走」の原点である。

エーリッヒ・フロムは、自由を束縛する「絆」を「第一次的絆」と「第二次的絆」に分けて論証した。サラリーマンの事例だと、会社・組織から離脱することによって断ち切られるのは「第一次的な絆」である。組織の束縛の解放から得た自由、この「○○からの自由」は、物理的な自由であり、真の本質的な自由ではない。ここからは「第二次的絆」の構築が始まる。**会社から解放された人の、新たに自分で仕事を見つけ、糧を得、生計を立て、自分のやりたい仕事をし、夢を実現していくという精神的な自由へたどり着くまでの長い道のりは、往々にして恐怖や苦痛に満ちている。**私自身は幸いにも、この精神的な自由、つまり「××への自由」にたどり着いた1人ではあるが、多くの苦難を味わったことは一生忘れることがない。

精神的な自由とは何か。それは世の中に何も怖いものがなくなったような実感を常に持っているということだ。恐怖がなくなるわけではない。恐怖は相変わらずある。だが、それは克服できるものだ、恐怖はあくまでも次の幸運や幸福の入口だという確信を持てるようになる。精神的に自由になった以上、自分が自分の恐怖心や暗黒面に打ち勝つことができるようになる。

「○○からの自由」は他人と戦って得る自由ならば、「××への自由」は自分自身と戦って得る自由になる。ニーチェいわく**「あなたが出会う最悪の敵は、いつもあなた自身であるだろう」**。そこが本質なのだ。自己を超克することによって、真の自由、精神的な自由という「第二次的絆」を得る。ゆえに、現実の問題は「第一次的絆」が断ち切られたとき、あるいは断ち切られようとしたときに、その自由から逃げようという心理の存在である。自由を放棄し、新たな組織や集団、あるいは宗教に身を託し、新たな束縛や帰属によって保障や安心感を得たいという心理。それが成就したときは、「○○からの自由」から「××への自由」への昇華ができなくなる。

戦後の日本社会は「安心」を道徳的に善としてきた。そのための「第一次的絆」が強固なものであればあるほど、より多くの自由が失われる。その側面は公に語られてこなかった（教育がなされていない）し、大方の日本人もこの本質に気付いていない。

今、時代が変わろうとしている。保障に供されるリソースが不足し、保障は従来通り提供できなくなった。「保障」が目減りするとともに、反比例的に「自由」が増加する。サラリーマンの自由度が段階的に向上することは、会社との「第一次的絆」の脆弱化が進行していることを意味する。最終的にその絆が切れたとき、サラリーマンには「〇〇からの自由」が完全付与される。

今の日本は、そうした歴史の大変革期にある。『自由からの逃走』という哲学書は、心理学の視点から我々に多くの示唆を与えてくれる。自分の生き方を自分で決め、自由な人生を手に入れる。と言うのは簡単だが、実はその奥に錯綜したメカニズムが絡んでいる。

見える不安と見えない危険

かつて「スキゾ」「パラノ」という言葉がはやったことがあった。

「パラノ」とは、「パラノイア」の略。ドゥルーズとガタリの提示する概念で、偏執的・統合的に物事を捉え、制度内に安住する保守的傾向をいう。生産を基盤とする近代文明の特徴的性格を有する。「パラノ」に対置されるのは「スキゾ」。「スキゾフレニア」の略、これもドゥルーズとガタリが提示した概念で、常に制度や秩序から逃れ出てゆく、非定住的・分裂的傾向をいう。消費を中心とする脱近代社会のモデルである。

まさに「確実性」と「不確実性」の対置でもある。大学を出て会社に就職し、家を買い、定年退職して老後をすごす。社会的に出来上がった制度のなかで将来を予測可能な状態にしつつ生きることを日本人はレギュラーとしてきた。極めて「パラノ」な状態である。

しかし、この状態が崩壊しつつある。**この先に求められるのは「スキゾ」型の生き方**である。流動性が世界の常識であり、これからの日本の常識にもなるのである。

「天職」という職業の捉え方も危うくなってきた。ＡＩに取って代わられる天職があるとすれば、その天職の経済的価値が薄れ、ないし消失し、持主に生計を確約するどころか、糧の断絶を意味するものにさえなり得る。日本人の固有の職業倫理や美意識は本質的な転換を求められている。「一筋」では、生きていけなくなるかもしれない。

産業も同じ。今日の花形産業が明日の衰退産業。銀行などはまさに好例だ。名門大学を出て銀行に入ることが一生の保証になるという時代はとっくに終わった。日本の銀行は最近相次いでリストラを行っているが、それはまだまだ序の口だ。

公務員はどうか。日本型制度の最後の砦になるかもしれないが、制度の崩壊も時間の問題だ。

この通り、どの制度も将来を確約できなくなってきている。制度の転換交替周期がどんどん短くなっていくだろう。「一筋」のパラノ型よりも、「二筋」や「三筋」「多筋」のスキゾ型の職業観が優位に出ることは間違いない。美意識に基づく嘆きも無意味になる。

私が最近使っている言葉だが、日本人は「美弱化」している。美しく衰弱死することと醜く強く生きること、どっちを選ぶか。それは各人の判断ではあるが、そもそも強くスキゾ的に生きられないから、弱者が自己美化をしているだけではないだろうか。何よりも生き残ることだ。スキゾ的な生き方。職人よりも、商人よりも、狩人であること！

将来に向けて、不安が見えやすいが、危険は見えにくい。

正しいと信じたことを言う自由

2020年12月中旬、私がこの終章の執筆に取り掛かっているとき、人類は、自由を奪われる危険に晒されている。

米国の大統領選で、社会主義者・民主党陣営の不正選挙疑惑をめぐって、ほとんどの大手メディアが一斉に報道規制に乗り出した。「不正を裏付ける証拠がない」というのが理由だった。証拠の認定は裁判所の仕事ではないか。メディアがいつの間にか裁判所になったのか。偏向報道とかよくいわれるが、私はメディアが独自の政治的立場をもっていいと思う。ただ、どんな政治的な立場をもとうと、メディアには共通の原理原則、使命がある。それは、すべての情報をそのまま、公平、公正に伝えることだ。

Ａと B が戦っている。A が好きで、B が嫌い。だからといって、A に有利なこと、B に不利なことしか伝えない。それは、メディアの矜持を捨てたも同然。ジャーナリズムとして失格であって、恥じるべきことだ。立場や好悪の感情を表現する権利は、メディアにもある。ただ、事実を事実として伝えたうえで、オピニオン（解説・論評）を付け加える。「B がこう言っている（やっている）が、私は賛同できない。その理由は○○だ」。事実とオピニオンを切り離して報道するという基本姿勢だ。

さらに、メディアが法律に代わって是非を判断することは、まったくの論外。メディアに意見をいう権利があっても、法的に判断する権利はない。さらにその判断を根拠に報道するかしないかを決めるのは、論外のまた論外だ。

SNS も投稿審査と言論統制に乗り出し、シェア不能や投稿削除、ひどいときはアカウント停止が続発した。「1つの声しか聞こえてこない」。中国本土出身の華人系米国人が中小メディアの街頭インタビューにこう語っている。「我々は自由を求めて中国を捨て、世界一の民主主義国家アメリカにやってきた。気がついたら、アメリカが中国と同じようになっていたのではないか。1つの声しか聞こえない国になってしまった」。米国が中国人民のために情報アクセス、知る自由を取り戻そうとしている。しかし、皮肉なことに米国民自身の知る自由、言論の自由が失われようとしていた。

2020年11月、私はYouTubeで『立花聡チャンネル』を立ち上げ、発信を始めた。すぐに制限付き標識、いわゆる「イエローカード」を喰らった。「不正疑惑」類の発言がAI審査に引っかかったと思われる。制限付きのイエローカードだから、視聴は可能だが、広告を載せることができなくなる。私はYouTubeが本業ではないので、特に気にしないが、個人メディアで生計を立てているユーチューバーにとっては、死活問題だ。広告収益を得るためにも、自己検閲で言論の不自由を受け入れざるを得ない。

私も一応、トランプを「寅さん」、バイデンを「梅さん」に変えたりして隠語を使ってみたが、何とこれらも見事にAIに引っかかり、一度パスした動画投稿までイエローカードを張られてしまう。ハイテクは、人類に自由をもたらしながらも、人類から自由を奪っているのだ。

時間の自由、場所の自由、金銭の自由、言論の自由、そして思考の自由、という5つの自由を挙げた。そのなかの時間や場所、金銭、思考の自由はいずれも自己依存中心だが、言論の自由だけは、政治体制という外部要因に依存している。言論の自由が失われれば、ほかの自由を得る環境が崩壊する。言論の自由は、あらゆる自由を保障する「自由の母」なのだ。

フロムが提唱する自由の「絆論」を想起したい。「第一次的な絆」は、束縛の解放から得た物理的な自由、「○○からの自由」であり、「第二次的な絆」は、物理的な自由を得た者が自己実現に向けて羽ばたき、その過程に得た精神的な自由、「××への自由」である。言論の自由は、「第一次的な絆」のなかでも、原初形態であるがゆえに、それが失われれば、自由の完全喪失をも意味する。「自由からの逃走」は、自由があっての逃走であることを忘れてはいけない。

「自由からの逃走」には「見える不安」を感じる。しかし、「自由の喪失」は、本源的な「見えない危険」である。

アメリカという外国の大統領選だから、日本人には関係がない。果たしてそうなのか。アメリカ人の自由が奪われ、アメリカが社会主義化した場合、我々日本は無事でいられるだろうか。隣国の独裁政権による日本浸透が進み、日本の属国化は時間の問題だろう。せいぜいSNSへの投稿ができないくらいで大したことはないと思ったら、そのうちアカウント閉鎖にとどまらず、特権階層や支配者に異を唱える者が逮捕されたり実刑判決を受けたり、そういう日がやってくるかもしれない。それでいいのだろうか。

数十年後、数百年後。我々の子孫が、今のこの時代を史書から学ぶ。光と闇、善と悪、自由世界と社会主義の戦いが繰り広げられるこの時代に、彼たちの父や母、祖父や祖母、先祖の一人ひとりがどっち側に立ったのか、問われるだろう。そのときになって、我々は誇りを持って子孫に歴史を語ることができるのだろうか。たとえすでにこの世を去ったとしても、栄光と名誉を残すことができるのだろうか。

我々人間が生きているのは、目先だけでもなければ、この世だけでもない。我々人間は自由、栄光と名誉を求める特別な生き物なのだ。神が誇りをもって創ってくれた特別な生き物なのだ。歴史になっていく今この瞬間を書き残す我々は、その筆と紙を与えられている。

2020年代、新型コロナ・ウイルスや米国大統領選、地球規模の激変と相まって、日本は非終身雇用時代に入ろうとしている。まさに百年に一度の大変革を背景に、生き方改革を迫られている。「変化」というキーワードを強く意識し、行動を起こす。これは、正しい。だが、「変化」の裏に隠された「不変」に気付きたい。言い換えれば、どんな時代の変化にも対応し得る変わらないものとは何か。変化を生み、変化を主宰する不変は、一人ひとりの人生哲学に根ざし、ぶれない原理原則にほかならない。今まで強く意識しなかったかもしれないが、百年に一度の大変革がきっかけとなり、それが蘇ったとすれば、生き方改革は自ずと成就するだろう。

「失われた30年」よりも、私は「得られた40年」に注目し、戦後70年を前40年と後30年に分けて考えている。

利得の前40年があっての、喪失の後30年。人間は利得（幸福）よりも喪失（不幸）に対する感度がはるかに高い。そして利得との相対比較に引きずり込まれ、喪失の苦痛をいつまでも味わい続ける。つまり利得が「常態」、喪失は「非常態」。そこで、「非常態の常態化」、つまりニューノーマルの受け入れが必要になる。

戦後の前40年はある意味で幸運にすぎなかった。私の言葉に置き換えると、次のようになる。

Right Person (Who) in a Right Place (Where) at the Right Time (When) meets Right Things (What) happen, if you can know the Right Reason (Why), then you will find the Right Way (How) to go.

私流の５Ｗ１Ｈである。日本人というWho、日本というWhere、戦後というWhen、高度経済成長というWhat――これらにWhy（必然性か偶然性か）を問いかけ、How（これからのサバイバル）を知ろうではないか。

あとがき

「ポストコロナ」は、単なる時代区分からすれば、コロナの終息時期によって確定する。しかし、そこまで単純化できるのだろうか。「ポストモダン」とは、「近代（モダン）以後」を意味する。ただし「近代」という言葉は、単なる時代区分の意味にとどまらず、しばしば、近代からの脱却を目標に掲げ、19世紀以降の文化や価値観の総称として用いられる。思うに、「ポストコロナ」も同じように、時間軸上の一点を超え、時代の変化を示唆する流れと見なすことができる——。

1つの時代の終わりと新たな時代、過酷なサバイバル時代の始まりという意味だ。なぜそう言えるのか。そもそも予測や予見といった類のものに、論理的・科学的な根拠を求めてはいけない。自然科学や哲学で証明できない域は、ある意味で神学に委ねざるを得ない。「三元九運」は中国占星学理論の基本で、太陽系の9惑星が1列に並ぶまでの期間、180年を1つの大きな時代と捉える。その大時代を60年毎に3つの中時代に分け、さらに中時代を各々20年毎に、上昇期、繁栄期、終焉期という順で3つの小時代（運期間）に分ける。つまり1つの大時代は合計9つの小時代（一運から九運まで）を網羅する。我々が生きるこの時代はどこに位置しているかというと、1864年から2043年までの1つの大時代周期の八運期（2004～23年）と九運期（2024～43年）、要するに最後の最後、大時代の終焉期に差し掛かっているところだ。

占星学は、太陽系内の惑星の位置や動きなどと人間・社会のあり方を経験的に結び付けて帰納的に予測する学問である。「三元九運」の法則に基づけば、コロナの降臨は偶然でないようにも考えられる。もしやコロナは、1つの大きな時代の終焉を告げ、国家や社会、産業を破壊する役目を引き受けており、災厄（コロナ禍）と神託（コロナ神）の二重身分を持ち合わせているのかもしれない。特定の国家や政治体制、イデオロギーの正誤や勝敗を結論付けるのでなく、神は人類全体の悪（欲望）を懲らしめ、リセットのボタンを押し、強制終了と初期化を実施しようとしているのであれば、人類がいくら、「従来通りの暮しに戻りたい」と考えても、無理だろう。時代は不可逆だから。

夜明け前が一番暗いと言うが、しかし、夜明けに近づけば、一縷の淡い光が差し込む。我々は過去にしがみつき暗闇と共に葬り去られるか、それとも光の中に立ち上がるか、生き方を選択する自由がある。

スピリチュアルな話ではない。米ドル札の裏には、「In God We Trust」という文字が刷り込まれている。「我々は神を信じる」とは、決してスピリチュアルな呼びかけではなく、信仰をもって行動することの宣明である。実際に、「百年に一度の大災厄」や「百年に一度の大変革」といった表現もまさに、このことを言っている。だから、プラス思考で臨みたい。コロナはすべて悪いことではない。

私はコロナで、多くのビジネスチャンスを失った。しかし、その反面、よいこともあった。何よりも出張・対面コンサルがなくなり、セミナーや相談などの仕事は100％リモートに切り替わった。昔なら考えもしなかったことだった。今はビジネスモデルが完全に変わったので、むしろコロナ前の状態に戻すのが大変なくらいだ。もちろん戻すつもりもない。

「迂を以て直となし、患を以て利と為す」。孫子の兵法にある「迂直の計」は、戦で有利な態勢を取れない場合、回り道をして不利を有利に変えること、つまりピンチの中においてもチャンスを探すことの大切さを教えてくれる。害を利に転化させることは決して不可能ではない。コロナ禍という害も然り。そこから利を引き出せるのか。答えは各人各様だろう。

私も暗闇のなかで新時代への道を模索している1人である。重い気持ちでこの本を書きはじめたが、途中から何かぼんやりと見えてきたような気がした。その「何か」をもう少し明確な形にして次作の執筆に取り掛かれること、そして何よりも、読者のみなさんが本書をヒントにし、その「何か」を見つけ、たくさんの「何か」を積み上げられることを切に願っている。

本書の執筆にあたり、ウェッジ編集部の海野雅彦氏が最後まで忍耐強く付き合ってくれた。大量の原稿を適正な体裁に整え、分かりやすい文脈や表現にこだわる氏の姿勢からは、読者思いの気持ちがひしひしと伝わってくる。心から感謝します。同社の飯尾佳央氏は、出版企画の段階から、講演会の出張にわざわざ同行し、様々な助言を与えてくれた。この場を借りて感謝の意を表したい。

最後に、仕事の補佐を務め、ロックダウン中の生活を支えてくれた妻の理恵子、日々の家事に尽力してくれたフィリピン人家政婦のロードラさん、そしてアニマルセラピー役を務めてくれた愛犬４匹（ゴン太、ハチ、ハナ、マル）と愛猫３匹（ニャン太、タマ、ラッキー）にも感謝したい。コロナによって害どころか利を得たものといえば、筆頭に挙げられるのは４匹の愛犬だろう。以前、頻繁に海外出張する私の荷造りをみると、全員がしょぼんと寂しげな表情をみせていたが、コロナ以降はほとんど毎日、在宅勤務なので、愛犬たちは楽しくて仕方ないようだ。彼らの感想を聞けたら、おそらく「コロナ万歳」と歓声を上げるに違いない。

２０２１年７月吉日　　立花　聡

マレーシア・クアラルンプール近郊の自宅にて（ロックダウン中）

著者略歴　**立花 聡**（たちばな さとし）

経営コンサルタント・作家・研究者。法学博士・上級経営学修士(EMBA)。1964年生まれ。早稲田大学理工学部卒。建材メーカー勤務を経て、英ロイター通信社に入社、上海と香港に駐在。2000年に独立、エリス・コンサルティングを創設。中華圏・アジアを中心に、日本・日系企業の経営戦略・人事労務コンサルティング、経営者育成研修を手がける。現在はマレーシア・クアラルンプール在住、中国、ベトナムと東南アジアで活躍中。2007年中欧国際工商学院(China Europe International Business School)上級経営学修士号(EMBA)取得。2008年復旦大学法学修士号取得。2013年華東政法大学博士課程修了、法学博士号取得。著書に『実務解説 中国労働契約法』(中央経済社、共著)、『台湾有事どうする日本』(方丈社、共著)がある。

立花聡公式サイト：https://www.tachibana.asia/

「なぜ」から始まる「働く」の未来
働き方・生き方を変えたい人へ10の提案

2021年9月20日　第1刷発行

著　　者　立花 聡
発 行 者　江尻 良
発 行 所　株式会社ウェッジ
〒101-0052 東京都千代田区神田小川町1丁目3番地1
NBF小川町ビルディング3階
電話 03-5280-0528　FAX03-5217-2661
https://www.wedge.co.jp/　振替 00160-2-410636

装幀　佐々木博則
組版　株式会社リリーフシステムズ
印刷製本　株式会社暁印刷

※定価はカバーに表示してあります。
※乱丁本・落丁本は小社にてお取り替えいたします。

ISBN978-4-86310-241-5　C0034